Matthias Kneip

AF549972

Reise in Ostpolen

Orte am Rand der Mitte

Herausgegeben mit finanzieller Unterstützung der
Stiftung für deutsch-polnische Zusammenarbeit
*Wydano z finansowym wsparciem
Fundacji Współpracy Polsko-Niemieckiej*

und der Regensburger Kulturstiftung der REWAG

Wir danken dem Reisebüro *Marco der Pole* in Krakau für die kompetente fachliche und organisatorische Unterstützung.

Matthias Kneip

Reise in Ostpolen
Orte am Rand der Mitte

LEKTORA
Paderborn

2. Auflage 2024
Alle Rechte vorbehalten
Copyright 2011 by

LEKTORA
Schildern 17–19
33098 Paderborn
Tel.: 05251-6897950
Fax: 05251-6886815
www.hotpoets.de

Druck: OSDW Azymut, Lódź
Printed in Poland
Covermotiv und Fotos: Matthias Kneip
Coverdesign: pixelwirken, Paderborn
Layout Textteil: pixelwirken, Paderborn
Redaktionelle Mitarbeit: Eleonore Kaiser
Lektorat: Carina Middel, Karsten Strack

ISBN 978-3-95461-202-4

Der Riss

Als ich den Riss sah, sah ich:
Den Krieg. Den Verlust. Einen tödlichen Sprung
in Lebensläufen. Den Rand der Mitte. Ich sah:
Grenzen Menschen verlegen. Fluchten.
Ausharrende. Erinnerung an das was war, Sorge
um das was blieb. Suchende. Ich sah: Einen Fluss,
die Weichsel, zum Beispiel, den Bug,
den San oder Narew. Fließen. Mauern den Blick
freigeben, das Grün, die Menschen,
ihr Hoffen, das Leben nach dem Bruch.
Ich sah: Das Dazwischen, etwas das wächst,
den Stein wärmt, hervortritt aus dem Dunkel,
mit Wurzeln, viel älter als der Riss.

Inhalt

Osten. Diese Himmelsrichtung klang schon immer unheimlicher und unberechenbarer als Westen. Lag es daran, dass in meiner Kindheit der Osten hinter einer unüberwindbaren Mauer versteckt lag? Oder daran, dass der Wilde Westen mehr Spannung und Abenteuer verhieß als der Ferne Osten? Oder dass ich als Kind lieber Indianer war als Tatare? Eine Zigarettenmarke mit Namen *East* musste ein Scherz sein. Und war der Ostwind nicht immer kalt? Als Kind glaubte ich sogar eine Zeit lang, die Sonne müsste im Westen aufgehen, weil der Untergang doch Traurigkeit und Nacht verhieß, also im Osten stattfinden müsse.

Spätestens als ich feststellte, dass deutsche Touristen lieber nach Westpolen als nach Ostpolen fahren, obwohl – oder weil – ein Teil Westpolens einmal Ostdeutschland war, stellten sich bei mir Irritationen ein. Westpolen klingt irgendwie sicherer, amerikanischer, damit vertrauter, obwohl das historische Westpolen eigentlich in der Mitte des heutigen Polen zu finden ist. Das historische Zentrum Polens liegt demzufolge im heutigen Osten und sein historischer Osten genau genommen im Westen, jedoch dem der Ukraine.

Wo reise ich also hin, wenn ich nach Ostpolen möchte? Reise ich durch die Geschichte, muss ich die heutige Ostgrenze Polens ignorieren, weiterziehen, nach Lemberg zum Beispiel, wo noch immer viele Polen leben, oder nach Drohobycz, um mich auf die Spuren des polnischen Dichters Bruno Schulz zu begeben. Aber darf eine Ostpolenreise in der Ukraine stattfinden?

Also reise ich in der Gegenwart, füge mich den politischen Folgen des Zweiten Weltkriegs, akzeptiere, dass die ehemaligen polnischen Ostgebiete heute zur Ukraine gehören, der Złoty dort nicht mehr gilt und die Menschen ukrainisch sprechen. Ich muss die historische Mitte Polens zum Osten erklären, um der Gegenwart gerecht zu werden und der Ukraine ihren Westen zu lassen.

Polen hat im wahrsten Sinne des Wortes eine bewegte Geschichte. Ländergrenzen zogen über Orte und Menschen hinweg, nahmen sie manchmal mit, manchmal nicht. Manchmal gingen die Menschen selbst, mal wurden sie gezwungen, mal wurden sie erschossen, nur weil sie zur falschen Zeit innerhalb der falschen Grenzen lebten. Die meisten deutschen Besucher Polens erfahren diese Geschichte im heutigen Westen des Landes, reisen nach Breslau, Danzig oder Posen, aber auch in die Herzkammern Polens, nach Krakau oder Tschenstochau. Die Sehenswürdigkeit dieser Orte hat sich herumgesprochen, ihr heutiger Glanz und ihre Architektur entschädigen für das, was dort einmal geschehen und in die Geschichte eingegangen ist. Der Lohn des Besuchers für den gezahlten Preis sind die mitgebrachten Fotos, das, was sich vorzeigen lässt zu Hause, Begeisterung hervorruft und Erinnerung weckt an einen schönen Aufenthalt.

Der heutige Osten Polens hingegen steht im Schatten vom Rest des Landes. Polens einstige Mitte wurde zum Randgebiet. Kaum ein Ausländer kennt die Namen der dortigen Städte, kaum ein Reisender findet den Weg in dieses nur dünn besiedelte Gebiet. Die Steinchen des Mosaiks scheinen in dieser Region häufig weniger bunt und schillernd als im Zentrum oder im Westen des Landes. Die Kirchen sind kleiner, die Schlösser und Adelshäuser abgelegener. Und dennoch haben die Orte dort Geschichten zu erzählen, die ihr Aufsuchen lohnt, die den Besucher entschädigen für manche Mühen und ihn staunen lassen über das, was er dort nicht erwartet hätte. Die ersten Ölbohrungen der Welt zum Beispiel oder die Wiege des Erfinders der Kunstsprache Esperanto. Die Atmosphäre verschiedener und doch Seite an Seite lebender Kulturen hat vielen Orten eine eigenständige, unabhängige Identität verliehen, die für mich ebenso faszinierend wie bedrückend war, weil sie Fragen nach ihrer Zukunft aufwarf.

Die Reise hat gehalten, was sie nicht versprochen hat: mir als eine unvergessliche Begegnung mit diesem Grenzgebiet in Erinnerung zu bleiben. Einige jener Orte, die sich mir in Ostpolen besonders eingeprägt und mir die Landschaft in eindrucksvoller Weise vor Augen geführt haben, habe ich mitgenommen, sie in Wort und Bild gefasst als Zeugnisse einer Region, die vom Reisenden manchmal nur ein wenig Zeit und Geduld erfordert. Er braucht eine gute Landkarte und findet trotzdem das größte Glück dort, wo er sich verfährt. Manchmal lohnt es sich für ihn, die eigenen Pläne zu verlassen und auf Pfade abzubiegen, deren Ende er nicht kennt. Der Lohn ist ihm sicher, denn wo sonst reist man heute noch mit dem Gefühl, vielleicht der erste zu sein, der zu Hause von diesen Orten erzählt.

Paszyn

Volkskunst als Lebenselexier für ein Dorf

Es passiert selten, dass ich in einem kleinen Dorf die Kirche suchen muss. Meistens weist mir die Silhouette des Kirchturms schon aus der Ferne den Weg. Doch in Paszyn ist das anders. Ich muss sogar einen Fußgänger fragen, bevor ich schließlich das Auto im Pfarrhof parken kann. Mir kommen erste Zweifel, ob dieser Ort, der acht Kilometer östlich von Nowy Sącz liegt, den Abstecher wert ist. Nichts deutet darauf hin, dass sich hier irgendetwas verbirgt, was für einen Besucher interessant sein könnte. Doch als mir Pfarrer Janas die Tür öffnet und mich ins Pfarrhaus einlädt, stockt mir für einen Moment der Atem. Fast möchte ich mich zwicken, um sicher zu gehen, dass die lange Anreise bei mir nicht zu Ermüdungserscheinungen geführt hat. Wohin ich auch blicke, in welchen Raum ich auch schaue, überall schmücken hunderte von Holzskulpturen die Wände, fein säuberlich auf Regalen aneinandergereiht. Dort, wo keine Regale stehen, zieren Bilder den Putz.

Durch Zufall war ich im Internet auf einen Artikel über Paszyn und dieses Museum gestoßen. Ich las dort die Geschichte von Wojciech Oleksy, einem tauben Bewohner des Dorfes, der Ende der 50er Jahre das Pfarrhaus des damals neu angekommenen Priesters Edward Nitka besuchte und voller Bewunderung dessen zahlreiche Holzfiguren und Bilder mit naiver Kunst betrachtete. Nitka, ein Priester mit großem Feingefühl für die überaus ärmlich lebende Bevölkerung Paszyns, ermunterte Oleksy, es doch selbst einmal mit dem Schnitzen zu probieren. Ob im Scherz oder schon im Bewusstsein dessen, was diese Aufmunterung für Spätfolgen für das Dorf haben könnte, vermag ich nicht einzuschätzen. Fest steht aber, dass die damalige Begegnung von Nitka mit Oleksy die Dorfgeschichte verändert hat. Kurze Zeit später lieferte Letzterer nämlich voller Stolz seine ersten Schnitzversuche ab, die bis heute im

Museum des Pfarrhauses zu besichtigen sind und die Vorfahren aller folgenden Figuren darstellen sollten – ein einfacher, grob geschnitzter Kelch mit Hostie sowie eine kleine Monstranz mit Kreuz.

Paszyn zählte damals wie heute um die zweitausend Einwohner, von denen nicht wenige ihr Heil im Alkohol suchten und dann und wann auch schon mal innerhalb der Familie heirateten. Ein ungewöhnlich hoher Anteil an geistig wie physisch behinderten Einwohnern war die Konsequenz, mit der sich Priester Nitka Ende der 50er Jahre konfrontiert sah. Kein Wunder also, dass er Oleksy damals ermunterte, seine künstlerischen Ambitionen fortzuführen, und schon bald erschienen erste Zeitungsartikel über Paszyn in der Presse. Da sei einer, der mache Kunst. Und zwar gar nicht schlecht, hieß es. Der kleine Ruhm hatte große Wirkung. Nitka erkannte die Kunst als Glück bringendes Lebenselixier für eine unter der Armut leidenden Bevölkerung, er machte sie zu einer Art Seelsorge mit anderen Mitteln. Schon bald folgten Oleksy andere Einwohner Paszyns nach. Jeder wollte mal ins Radio. Oder in die Zeitung. So wie Oleksy. Und im Laufe der Zeit sollten es viele auch schaffen.

Dabei wurde die Kunst in Paszyn keineswegs als Religionsersatz verstanden. Im Gegenteil. Priester Nitka gelang es nicht nur, das Selbstwertgefühl der Menschen zu steigern, indem er sie für ihre Kunstwerke lobte und sie zum Weitermachen aufforderte. Er verstand es auch, sie über die Motive ihrer Kunst für die Religion zu interessieren, sie für moralische Fragen zu sensibilisieren und ihren Glauben zu stärken. Er rief Wettbewerbe aus zum Thema Weihnachten, Ostern, den Papstbesuch 1987 oder die 600-Jahr-Feier für die Schwarze Muttergottes von Tschenstochau, um die Bürger dazu zu animieren, ihrer Kreativität freien Lauf zu lassen. So erklärt sich auch, warum die über 3.000 Ausstellungsstücke im heutigen Museum fast ausschließlich religiöse Motive zeigen. Kelche, Kreuze, Marien- und Jesusfiguren bilden unübersehbar die Mehrheit, aber auch Exorzismen sind dargestellt oder Teufel, die eine Prostituierte begleiten oder einem Mann mit Kübeln Alkohol einflößen. Die Probleme des Dorfes spiegeln sich in seiner Kunst wider, auch wenn sich die Zeiten längst gebessert haben und Priester Nitkas Mission erfüllt zu sein scheint.

„Die Kinder malen am liebsten Engel“, sagt Priester Janas, der das Museum heute leitet und dem die Einwohner des Ortes noch immer ihre Werke überreichen, damit sie im Museum ausgestellt werden. Als ich ihn frage, ob er jedes Werk für die Ausstellung annimmt, reagiert er ausweichend. Natürlich, schließlich wolle er die Künstler ja nicht enttäuschen, schon gar nicht die Kinder. Wo er die Werke dann letztlich hinstelle, sei ja auch nicht so wichtig. Die älteste Künstlerin ist heute über 70, der jüngste unter 15. Aber der künstlerische Elan des Dorfes stockt zuweilen. Mal sind es mehr, mal weniger Aktive. Zurzeit leben in Paszyn noch 56 Schnitzer und 30 Maler, die alljährlich mehr oder weniger kunstvolle Werke schaffen. Viele haben den Sprung in die öffentliche Wahrnehmung geschafft, verkaufen ihre Kunst für nicht wenig Geld an Sammler, auch aus dem Ausland. Anderen hingegen reicht es, ihr Selbstwertgefühl durch den Prozess des Schaffens zu stärken, und sie freuen sich noch heute, wenn der Priester ihre Werke lobt und ins Museum aufnimmt. Der große Boom der 60er und 70er Jahre aber scheint vorbei zu sein. Vielleicht hat man auch deshalb das Pfarrhaus 1994 zum Museum erklärt und die Werke der Einwohner von Paszyn damit öffentlich zugänglich gemacht. Der Gang durchs Museum jedenfalls bringt mir eindrucksvoll die eigentliche Kraft von Kunst ins Bewusstsein. Das Dorf hat darin einen Teil seiner Geschichte verewigt, nicht in einfachen Daten und Jahreszahlen, sondern verpackt in kreative Werke, die weit über sich hinaus verweisen. Dabei spielt es keine Rolle, welche Meinung ein Kritiker vertritt. Die Hoffnung auf Ruhm war nur für die wenigsten Einwohner Paszyns die treibende Kraft. Es ging ihnen vielmehr um die Gewissheit, selbst etwas schaffen zu können, das bleibt. Und sei es nur in diesem Museum.

NOWY DOM ZDROJOWY
LECH
LECH

Krynica-Zdrój

Ein Ort zwischen Kur und Kuchen

In Krynica-Zdrój braucht man keinen Stadtplan. Es genügt, dass der Besucher dem Zufall vertraut und etwas Zeit mitbringt, so gelangt er irgendwann immer ans Ziel. Zu seinem Hotel. Zu einer Trinkhalle. Einem Park. Oder einem Laden zum Einkaufen. Und wer doch etwas Hilfe benötigt, vertraut sich dem Flüsschen an, das dem Ort seinen Halt gibt und ihn durch sein Plätschern musikalisch umrahmt. Überhaupt ist das Flüsschen mit dem Namen „Kryniczanka“ der eigentliche Star des Kurorts, der im Osten Polens in einem malerischen Tal, umgeben von Bergen liegt, die im Winter zum Skifahren einladen. Schon im Jahr 1808 trank man hier die erste Flasche Wasser gleichen Namens, der Rest ist Kurortgeschichte. Bis heute kommen Besucher aus dem In- und Ausland, die ihr Heil in der Kraft des Wassers suchen, das aus verschiedenen Quellen im Ort sprudelt.

Nach einem kurzen Spaziergang begebe ich mich am Fluss entlang in eine der großen Trinkhallen, die sich zu beiden Seiten der breiten Kurpromenade aneinanderreihen. Große Hallen, die sich, ähnlich wie die zahlreichen Hotels daneben, in ihren architektonischen Stilen sehr unterschiedlich ausnehmen. Mal palastartig mondän, mal schmucklos sozialistisch, mal praktisch kompakt, mal hölzern verspielt. Vor allem die aus Holz gebauten Villen im Ort bemühen sich um historisches Flair und versetzen den Betrachter in eine andere Zeit. Im Inneren der Haupttrinkhalle stoße ich auf eine ziemlich lange, tränkenähnliche Marmorwanne, an der sich verschiedene Wasserhähne befinden, aus denen eine Angestellte die Flaschen oder Becher abfüllt. Jede Quelle trägt einen Namen: *Jana*, *Słotwinka* und natürlich die so genannte *Hauptquelle* des Ortes, *Kryniczanka*, die vor dem Gebäude unter einer Glaskuppel zu besichtigen ist.

An der Kasse kaufe ich einen kleinen Plastikbecher für umgerechnet knapp 50 Cent und bitte die Dame, mir eine besonders wohlschmeckende Quelle zu empfehlen. Und schon gleich bereue ich meine Frage, denn die Frau schaut mich mitleidig an. Nein, das Wasser kaufe man nicht nach Geschmack, sondern nach Beschwerden. Gegen Kopfschmerzen zum Beispiel. Oder Bauchweh. Ich entscheide mich für Bauchweh und die Frau füllt mir Wasser gegen Kopfschmerzen ein. Das schmecke dann doch besser, sagt sie und weiß längst, dass ich kein Kurgast bin. Als ich das Wasser probiere, bedauere ich, dass selbst der kleine Becher doch so groß ist. Etwas unschlüssig spaziere ich durch die Halle mit ihren vielen Pflanzen, die dem Marmor wenigstens ein bisschen Leben verleihen, zweifle, ob ich das Experiment zu Ende führen soll. Schließlich wecken die Pflanzen mein Mitleid und ich führe das Wasser wieder einer der Quellen zu. Jetzt jedenfalls wundert es mich nicht mehr, dass sich draußen fast vor jeder Trinkhalle auch eine Bierhalle befindet, in der sich die Gäste den schalen Geschmack des Wassers mit polnischem Bier herunterspülen können. Und wer dann nicht mehr laufen kann, bekommt Hilfe von den Pferdekutschen, die auf Wunsch jedes Hotel im Ort anfahren. Überhaupt fasziniert in Krynica das Nebeneinander von Heilwasser und Alkoholkonsum, Restaurants und Massagesalons, Konditoreien und Wellnessshops. Eines der besten Cafés im Ort trägt sogar den Namen *Schokolade und Heilquelle*, wobei ich der Frage nicht nachgehe, ob sich im Innern womöglich zwei verschiedene Räumlichkeiten befinden.

Während ich auf einer der zahlreichen Bänke sitze und die vorüberlaufenden Menschen beobachte, drängt sich mir der Gedanke auf, dass sich die Mehrheit der Ehefrauen wohl dem Wasser und den Massagen widmet, während die Männer ihr Heil in den Bierstuben und Cafés suchen. Sei's drum. Das „polnische Davos", wie Krynica auch genannt wird, gibt's auf Rezept und verspricht eine willkommene Mischung aus Urlaub und Gesundheitspflege. Nicht ohne Grund haben sich hier in den vergangenen zwei Jahrhunderten auch immer wieder Künstler getroffen oder niedergelassen, um sich von dem Flair des Ortes inspirieren zu lassen, wie beispielsweise der Maler Jan Matejko, der Schriftsteller Henryk Sienkiewicz oder der berühmte Sänger Jan Kiepura, der hier seine legendäre Villa Patria baute. Freilich darf auch ein Denkmal zu Ehren des polnischen Nationaldichters Adam Mickiewicz im Stadtbild nicht fehlen, auf dem ein Zitat aus dem Epilog von *Pan Tadeusz* geschrieben steht. Krynica wäre sicher ein guter Ort, sich diesem polnischen Nationalepos einmal in aller Ruhe zu widmen. Wer hierher kommt, der vermisst keine Uhr, kein Telefon. Er macht Urlaub und verbindet im Idealfall das Gesunde mit dem Angenehmen. Mich aber zieht es dann doch erst einmal Richtung Schokolade und Kuchen, denn der Nachgeschmack meiner Mini-Kur will nicht weichen.

HYDROPATIA

Krynica-Zdrój

Nikifor – ein Künstler, der keiner sein wollte

Als Kind fragte mich einmal eine polnische Bekannte meiner Eltern, ob ich schon mal den Namen „Nikifor“ gehört hätte. „Nikifor?“, überlegte ich damals – „natürlich, das war doch der Bruder von Nosferatu!“ Ein dummer Witz, über den unsere Bekannte aber trotzdem lachte. Wohl weniger aus Belustigung als aus Mitleid. Und noch während sie lachte, erklärte sie mir, dass Nikifor ein Maler aus Polen gewesen sei, der so ähnliche Figuren gemalt habe, wie sie meine Eltern im Haus stehen hätten. Kein Wunder, dass ich den nicht kannte, denn ein solcher Maler konnte unmöglich berühmt sein. Über diese zu Dutzenden überall bei uns in den Zimmern verteilten Holzfiguren hatten meine Brüder und ich uns schon immer lustig gemacht. Sie sahen aus, als hätten bemühte Schüler sie aus dem Werkunterricht von der Schule mitgebracht. Mit einem groben Messer aus weichem Holz geschnitzt, ohne jedes Gespür für die richtigen Proportionen. Da war der Kopf schon mal breiter als der Körper, die Arme länger als die Beine oder eine Flöte länger als der Spieler groß. Meine Eltern nannten Künstler, die so was herstellten, naiv. Da stimmten wir Kinder gerne zu. Genau das mussten sie sein.

Es dauerte viele Jahre, bis ich diesem sonderbaren Namen erneut begegnete. Nikifor. Er stand auf einem großen Filmplakat mitten in Warschau. Der Film sorgte damals für Furore in Polen, und weil ich mich an meinen Witz von damals erinnerte, löste ich eine Kinokarte.

Sie war eine Eintrittskarte in die Welt der naiven Kunst eines alten Mannes mit dem Namen Nikifor. Nikifor, der eigentlich Epifaniusz Drownjak hieß und meist Nikifor Krynicki genannt wurde, lebte in dem kleinen ostpolnischen Kurort Krynica-Zdrój, wo er als Sohn einer taubstummen Wasserträgerin und eines unbekannten Vaters im Jahr

1895 geboren wurde. Nikifor war Lemke, also Mitglied einer Minderheit, die meist niedrige Arbeiten im Ort verrichtete. Seine Geburt als unehelicher Sohn einer armen Lemkin wurde im Ort missbilligt und von der Hoffnung begleitet, dass das Kind stirbt, bevor es dem Ruf der Kurgesellschaft schadet. Die Schule brach er ab, wuchs in ärmsten Verhältnissen auf, ohne richtige Familie, ohne festen Wohnsitz, zeitlebens ohne Ausweis. Die, die ihn kannten, behaupteten, ihn nicht zu kennen. Die, die ihn nicht kannten, glaubten ihn zu kennen. Jeder kennt solche Menschen. Man geht ihnen aus dem Weg, weil das, was man von ihnen zu wissen glaubt, ausreicht, um eine nähere Beziehung zu vermeiden.

Sein Geld verdiente Nikifor seit dem Ende des Zweiten Weltkriegs als Bettler, der tagtäglich auf der Krynicer Flaniermeile saß und, von Kindern gehänselt, den Kurgästen des Ortes seine Bilder anbot. Meist malte er Ansichten seiner Stadt, den Bahnhof, eine Bäckerei, eine Kirche, oder Selbstporträts in Uniform oder im Bischofsornat – vor allem aber Heilige, die ihm von den Ikonen griechisch-katholischer Kirchen bekannt waren. Er liebte diese Kirchen und ihre Ikonen, sie dienten ihm als Ersatzfamilie, gaben ihm Halt und seinem Leben einen Sinn. Vielleicht den einzigen.

Wenn ich heute in Krynica den Fluss entlangspaziere, fällt es mir nicht schwer, Nikifor wieder auferstehen zu lassen, um ihn an der Ufermauer seine Bildchen als „Souvenirs aus Krynica“ verkaufen zu sehen. Als Bettler war er im kommunistischen Polen ein Gejagter, ständig auf der Flucht vor den Behörden, die sich um das Ansehen des Kurorts sorgten. Dabei galt Nikifor schon Ende der 50er Jahre als berühmt, hatte Ausstellungen im Ausland, bekam immer wieder Besuch von prominenten Zeitgenossen. Der polnische Dichter Zbigniew Herbert veröffentlichte 1957 ein Gedicht mit dem Titel *Nikifor*, in dem es heißt:

als die Stadt entstanden war
fast wie aus einem Traum
nahm der Meister von der Kirchenfahne
drei dicke Heilige

kleidete sie in schwarze Fracks
um den Hals eine Fliege
dem einen setzte er einen Zylinder auf
den anderen Reisemützen

er entließ sie in den klaren Himmel
wie drei prächtige Karpfen
mögen sie jetzt schweben
durch die abendliche Sommerluft

der Himmel strahlt hell
so klar dass deutlich zu sehen sind
die großen und spitzen Buchstaben
auf der anderen Seite des Papiers

Am Beginn der Kurmeile stoße ich auf das Denkmal von Nikifor. Ein Mann wie aus einem seiner Bilder geschnitten, der, mit Hut und großer Brille, den Pinsel führt und dem sein Hund Gesellschaft leistet. Selten dürften Ruhm und Leben so weit voneinander getrennt existiert haben wie bei Nikifor. Obwohl er gegen Ende seines Lebens wohlhabend war, lebte er in Armut. Nicht aus Bescheidenheit, sondern weil er sich ein anderes Leben nicht vorstellen konnte. Er war schon längst eine kleine Berühmtheit und verkaufte trotzdem noch seine Bilder im Ort für ein paar Groschen, manch ein Passant gab ihm sogar Geld, ohne das Bild mitzunehmen. Ständig mangelte es ihm an Papier. In einem später erschienenen Buch seines Freundes Andrzej

Banach finde ich den Abdruck des Bettelbriefes, den Nikifor immer um seinen Hals trug:

Sehr verehrte Damen und Herren,

ich bin arm, bitte um Almosen, ich habe kein Geld für Kleidung oder Schuhe, und das, was ich anhabe, ist schäbig. Mir fehlt auch genug zum Essen – Gekochtes esse ich nicht, ernähre mich von trockenem Brot. Als tauber Autodidakt muss ich meine eigenen Bilder verkaufen. Ich bitte deshalb um Unterstützung in irgendeiner Form oder um den Kauf meiner Bilder, wofür ich Ihnen von Herzen danke. Nikifor.

Selbst eine Ausstellungseröffnung in der bekannten Warschauer Galerie *Zachęta* soll er verlassen haben, um draußen den Leuten selbst seine Bilder zu verkaufen.

Nikifor malte jeden Tag drei bis vier Bilder, sein Leben lang. Ein Besessener, der das Malen brauchte wie die Luft zum Atmen. Mehr sogar, denn Nikifor litt an Tuberkulose und Arthritis, und er wusste, dass ihm am Ende nicht mehr viel Zeit bleiben würde. Den Pinsel, den er ab und an mit dem Mund anfeuchtete, bevor er ihn in Farbe tauchte, hielt er beim Malen verkrampft zwischen Zeige- und Mittelfinger, um ihn dann in ruckartigen Bewegungen über das Papier zu quälen. Der Anblick dieses kranken Mannes bei seiner Arbeit hatte nichts Kunstvolles, eher etwas Mitleid Erregendes, Bedrückendes.

In dem ihm gewidmeten Museum in Krynica, das in einem ehemaligen Badehaus untergebracht ist, finde ich seinen alten Malkasten, seine Stifte, sein altes Transistorradio sowie Stock und Koffer. Auch seine Stempel liegen noch dort, die man ihm anfertigte, um die Bilder vor Fälschungen zu schützen. Wie viele Bilder er am Ende gemalt hat, vermag keiner mehr zu sagen, aber es müssen sehr viele gewesen sein.

Der Film „Mein Nikifor“ von Krzysztof Krauze zeigt die letzten sieben Lebensjahre dieses Mannes, der im Ort als verwirrter, schmutziger und kranker Greis gilt, weil er weder richtig sprechen noch lesen oder schreiben kann. Der wenig begabte und neu zugereiste Auftragsmaler Marek Włosiński wird im Jahr 1960 auf Nikifor aufmerksam, weil dieser Bettler sich eines Tages Zugang zu seinem Atelier verschafft mit den Worten: „Hier werde ich malen“. Und dann nicht mehr wegzukriegen ist. Włosiński lässt sich von der geheimnisvollen Faszination dieses greisen Mannes in den Bann ziehen, er begleitet und unterstützt ihn, obwohl Nikifor nach dem Bekanntwerden seiner Krankheit nur noch mehr gemieden wird. In einem Kurort wollen sich die Gäste heilen, nicht anstecken. Und so verliert Włosiński seine Familie und seinen Beruf, nur der Intuition vertrauend, die ihm sagt, einem Genie begegnet zu sein. Er kommt für Nikifors Arztkosten auf, bürgt in der Klinik für den Patienten ohne jede Papiere, unternimmt mit ihm Ausflüge. Nikifor spricht kaum, wenn, dann nur in Brocken und ziemlich unverständlich. Es hat den Anschein, als wäre alles, was er sagt, elementar. Keine Adjektive, keine langen Sätze. Eine Sprache in groben Brocken. So wie die Farben und Konturen seiner Figuren. Von den Fähigkeiten seines neuen Freundes hält er wenig. „Du kannst nicht malen“, sagt er zu Włosiński. „Du musst um die Farben bitten!“ „Wen bitten?“, fragt Włosiński nach. Doch Nikifor schweigt.

Nikifor stirbt 1968 im Alter von 73 Jahren in einem Hospital in Folusz. Bei seiner Beerdigung singen katholische Priester, ruthenische Geistliche und russische Mönche. Eine Region voller Gegensätze eint sich im Respekt vor dem Werk dieses Künstlers, dessen Grab ich auf dem Krynicer Friedhof finde. *Nikifor Epifan Drownjak 21.5.1895 – 10.10.1968* steht darauf geschrieben. In kyrillischen Buchstaben. Kunstvoll geformte Steine, die Gesichtern gleichen, wachen über seinem Grab, das mit Blumen geschmückt ist.

Am Ende des Films offenbart mir der Abspann, dass Nikifor von einer Frau gespielt wurde. Krystyna Feldman. Sprachlos und beeindruckt bleibe ich im Sessel sitzen, ziehe einen imaginären Hut vor der Leistung der Autoren dieses Films. Und vor Nikifor, der kein Bruder von Nosferatu war, sondern einer der bekanntesten naiven Maler der Welt. Wer ihm damals gegen eine kleine Spende eines seiner Bildchen abgekauft und aufbewahrt hat, hat ein kleines Vermögen gemacht. Ein Vermögen durch Mitleid. Vielleicht die moralisch schönste Form, ein bisschen reicher zu werden.

Leben statt Geld. Metamorphose eines Aussteigers

Die Suche nach einem typischen „Beskiden-Aussteiger“ gestaltet sich schwieriger als gedacht. Ich befinde mich irgendwo ein paar Dutzend Kilometer nordöstlich von Krynica-Zdrój und stelle mir vor jeder Abzweigung immer wieder die gleiche Frage: Überlebt mein Auto diese Straße? Aber es überlebt, und irgendwann stoße ich tatsächlich auf einen kleinen Wegweiser mit dem Schild *Dom na Łąkach. Agroturystyka*, was so viel heißt wie *Haus auf den Wiesen. Urlaub auf dem Bauernhof.* Woher der Name kommt, bedarf keiner Erklärung. Etwas anderes als Hügel und Wiesen gibt es hier nicht. Wer hierher kommt und wohnen bleibt, muss ein schlimmes Leben gehabt haben. Oder schlichtweg die Nase voll von Terminkalendern, Fahrplänen, Ampeln, Hupen, Handys und Menschenansammlungen. Bei Andrzej, dem Hausherrn dieser Idylle, war es Letzteres. Als gut verdienende Psychologen führten er und seine Frau in Warschau eigentlich ein solides Leben, finanziell abgesichert mit Aufstiegsperspektiven. Doch irgendwann wurde seine Sehnsucht nach den Beskiden, wo er schon als Kind immer seine Ferien verbracht hatte, zu groß. 1998 packte er seine Sachen, verließ mit seiner Frau Warschau und kaufte mit der Unterstützung der Mutter einen alten Hof, den er zu einer Touristenpension um- und ausbaute. Irgendwo im Niemandsland.

Während draußen noch Totenstille herrscht, ist es damit vorbei, als Andrzej die Tür öffnet. Zwei große bellende Hunde und ein paar schreiende kleine Kinder stürzen mir entgegen. So hat jede Idylle also ihre Grenzen. Doch während sich das Bellen und Schreien nach und nach in die anderen Zimmer verlagert, servieren mir Andrzej und seine Frau Agnieszka Kaffee und Kuchen. Und es dauert nicht lange, dann kann auch ich mir vorstellen, hier einmal Urlaub zu machen. Urlaub ja. Aber hier leben?

Andrzej gibt sofort zu, dass ihn alle Freunde in Warschau für verrückt erklärt hatten, als er seine Pläne bekannt gab, dem Psychologen-Alltag den Rücken zu kehren, um als Aussteiger in den Beskiden „Ferien auf dem Bauernhof“ anzubieten. Aber ein bisschen Verrücktheit gehört wohl immer dazu, wenn man sein Leben selbst in die Hand nimmt und von vorne anfängt. Ob sich seine Träume erfüllt hätten, frage ich Andrzej. Er zögert. Das ist ehrlich. Nicht alle, sagt er, aber die meisten. Es gibt auch keinen Weg zurück, weil er sein neues Leben mehr liebt als das alte. Nur aus seiner Idee, Urlaubsgefühle zum Alltag zu machen, ist nichts geworden. So einen Hof zu verwalten, ist eine Menge Arbeit, immer muss irgendetwas neu gebaut, repariert oder instand gesetzt werden. Acht Zimmer stehen den Gästen zur Verfügung, ständig müssen er und seine Frau putzen, kochen, verwalten, werben ... Der Kampf ums Überleben ist hart. Physisch wie finanziell. Aber dafür, sagt Andrzej, bekommt man mehr Leben. Mehr Leben, dafür weniger Geld. Ein guter Tausch, wie ich finde. Überhaupt haben sich Andrzejs Werte seit dem Weggang aus Warschau verändert. Die Uhr spielt nur noch eine Nebenrolle. Wenn überhaupt. Es gibt doch die Sonne. Niemand treibt ihn, hetzt ihn, Pünktlichkeit wird sympathisch relativ. Auch der Streit mit Nachbarn wird anders geführt als in Warschau. Feinde kann man sich in dieser Abgeschiedenheit nicht leisten, weil man aufeinander angewiesen ist, sich im Notfall gegenseitig aushelfen muss. Gibt es doch mal Streit, wird er ausgetragen. Und dann begraben. Man braucht sich einfach zu häufig. Freilich, die Kinder müssen oft mit dem Auto herumgefahren werden, wollen Freunde aus den umliegenden Ortschaften besuchen, später müssen sie auch mal zur Schule. Da ist Familienmanagement angesagt. Und der Winter macht das nicht leichter. Auch die Gefahren der Natur sind nicht zu unterschätzen. Ein Schlangenbiss kann tödlich sein für die Kinder. Wenn es mal tagelang regnet, ist Kreativität gefragt. Trotzdem. Die Probleme wiegen den Gewinn an Lebenslust nicht auf. Immer wieder kommen Freunde zu Besuch, verbringen hier ihren Urlaub mit Reiten und Wandern. Die

Wohnstube des Hauses ist das Zentrum, um das alles kreist. Hier nehmen die Gäste gemeinsam mit der Familie die Mahlzeiten ein, hier werden die Ausflüge geplant und abends Geschichten erzählt. Die Gäste werden zu einem Teil der Familie, was schön sein kann, sagt Andrzej, aber auch anstrengend.

Als wir draußen ums Haus gehen, zeigt mir Andrzej seinen gerade fertig gestellten Neubau. Faul darf man nicht sein, denn die Konkurrenz ist hart. Immer mehr Einheimische, aber auch Zugereiste kommen auf die Idee, in dieser Region „Ferien auf dem Bauernhof" anzubieten. Da heißt es mithalten. Ob die Nachbarn ihn nach mehr als zehn Jahren nun schon als Einheimischen betrachten, will ich wissen. Nein, so schnell geht das dann doch nicht, sagt Andrzej. Er ist und bleibt der „warszawiak", der „Warschauer". Aber als verrückt gilt er längst nicht mehr. Weder in Warschau, noch bei den Nachbarn. Er hat sich Respekt verschafft mit seiner Arbeit. Und mit der Zielstrebigkeit, mit der er seinen Traum umgesetzt hat. Werbung für seine Pension muss er kaum noch machen. Das *Haus auf den Wiesen* hat sich längst herumgesprochen und ist sogar auf vielen Karten der Region gesondert eingezeichnet.

Ob er die Entscheidung schon mal bereut habe, frage ich Andrzej beim Abschied. Jetzt kommt das Nein sofort. Und auch seine Frau stimmt zu. Welche Entscheidung, fragt eines der Kinder, das gerade dazu gestoßen ist. Zieht aber wieder ab, ohne die Antwort abzuwarten. Die Kinder sind hier geboren. Sie können sich ein anderes Leben gar nicht mehr vorstellen. Aber natürlich bleibt die Frage im Raum, ob sie später auch hier bleiben werden. Oder nicht den umgekehrten Weg gehen. Zurück als „Aussteiger" nach Warschau …

Sanok

Wenn Kulturen Geschichte werden. Ein Freilichtmuseum für Bojken und Lemken

Auf meiner Reise durch den Südosten des Landes begegne ich immer wieder Spuren von Bojken und Lemken. Während die Lemken vor allem in den Niederen Beskiden ihre Dörfer hatten, siedelten die Bojken eher in den östlicher gelegenen Bieszczady. Beide Bevölkerungsgruppen wurden 1947 im Rahmen der *Aktion Weichsel* fast vollständig aus ihren heimischen Regionen in ehemals deutsche Gebiete umgesiedelt. Und obwohl einige wenige von ihnen den Weg wieder zurück in ihre Heimat gefunden haben, sind es dennoch meist nur noch Relikte, die an das einstige Leben dieser Volksgruppen in der Region erinnern. Die berühmten Holzkirchen zum Beispiel. Oder Überreste von Friedhöfen, die die Auflassung an verborgenen Orten überstanden haben. Eine Rekonstruktion des Alltags von damals ist nahezu unmöglich.

Um einen Eindruck zu bekommen, wie Lemken und Bojken in den vergangenen Jahrhunderten bis zum Zweiten Weltkrieg hier gelebt haben, suche ich das bekannte Freilichtmuseum für Volksbauwesen in Sanok auf, das zu den größten und schönsten seiner Art in Polen gehört. An dessen Eingang erwartet mich Grzegorz, ein älterer Herr, der schon seit vielen Jahren Touristen durch das Museum führt und auch mich auf meinem Rundgang begleitet.

Ursprünglich bezeichneten sich Bojken und Lemken selbst als Ruthenen, erklärt mir Grzegorz. Erst Mitte des 19. Jahrhunderts sei der Begriff Lemken entstanden, wohl deshalb, weil diese so häufig das Wort „łem“ benutzten, das so viel wie „nicht wahr“ bedeute. Dabei lacht Grzegorz und sagt, dass man das ungefähr vergleichen könne mit dem süddeutschen „gelt“ oder dem norddeutschen „wa“. Auch da wüsste man ja sofort, woher aus Deutschland jemand kommt.

Die Bojken galten als reizbarer, aber auch primitiver, weshalb sich ihr Name möglicherweise von dem Wort „bojkij“ ableitet, das so viel bedeutet wie „kampfeslustig“. Für die Polen jedenfalls zählten beide Volksgruppen bis zum Zweiten Weltkrieg zu den Ukrainern und um die ukrainische Nationalbewegung zu schwächen, siedelte man sie 1947 in großem Stil in andere Gebiete Polens um. Was blieb, ist fast nur die Erinnerung an diese Kulturen, die heutzutage nur noch vereinzelt existieren.

Bereits 1958 wurde in Sanok das Freilichtmuseum eröffnet, das auf 38 Hektar fast 30.000 Kulturexponate versammelt hat und vor allem das Volksbauwesen von Bojken und Lemken, aber auch anderen Gruppen, wie den Hügelland- oder Talbewohnern, dokumentieren soll. Die Besichtigung der alten Häuser, Ställe und Kirchen führt mir eine ländliche Lebenskultur vor Augen, die unendlich weit zurückzuliegen scheint, obwohl die Gebäude zum Teil erst aus den Anfängen des 20. Jahrhunderts stammen. Sie vermitteln mir einen konkreten Eindruck vom Alltag der Bojken und Lemken, die als Nachfahren nomadischer Schafhirten vor allem als Landwirte und Viehzüchter tätig waren

Die typisch rot-braune Farbe der Häuser, so erklärt mir Grzegorz, entstand durch die Verwendung von verbrannter Tonerde, die mit Roggenmehl und Öl gemischt und auf diese Weise haltbar und sonnenlichtbeständig gemacht wurde. Vor allem die Lemken verzierten ihre Häuser meist kunstvoll und mit viel Aufwand. Überhaupt, so sagt Grzegorz, lebten die Lemken zivilisierter als die Bojken, bei denen schon mal sexuelle Anarchie herrschte, die allerdings auch auf die geringe Bevölkerungsdichte vieler östlicher Landstriche zurückgeführt werden kann. Ansonsten unterscheiden sich beide Volksgruppen von den Polen durch den slowakisch beeinflussten ukrainischen Dialekt, die Konfession, die Bekleidung und durch den Baustil.

Ein sonderbares Gerät vor einem der bojkischen Bauernhöfe erinnert mich an die hölzernen Ratschen, die wir in Bayern als Ministranten am Karfreitag einsetzten, wenn die Glocken nicht läuten durften. Aber dieses Gerät hier diente einem völlig anderen Zweck, wie mir Grzegorz demonstriert. Als er daran dreht, setzt ein ohrenbetäubender Lärm ein. Damit wurden Wölfe vertrieben und vom Vieh ferngehalten. Eine Wolfabschreckungsmaschine sozusagen. Besonders stolz zeigt mir Grzegorz eine alte lemkische Wohnstube, die, typisch für die damalige Lebensform, als Schlafzimmer, Esszimmer, Küche und manchmal auch als Stall für kleine Tiere diente. Der Rauch des Ofens, der keinen Kamin hat, zog erst durch die Stube, dann über eine Öffnung im Dach nach draußen. Neben dem Ofen stehen ein Bett, eine Kinderwiege, ein Regal, eine Sitzbank und ein sonderbarer Kastentisch. Als Grzegorz meinen neugierigen Blick bemerkt, klappt er plötzlich die Tischplatte triumphierend nach oben und eine Art Geheimfach wird sichtbar. Ein so genannter *Heiliger Tisch*, sagt Grzegorz, der an das Abendmahl erinnern soll und in dem Lebensmittel aufbewahrt wurden. Gegessen wurde an ihm nur an Festtagen.

Die Vorstellung, in einem Haus dieser Art zu leben, fällt schwer. Aber wahrscheinlich war das Leben in einem alten Bauernhof in Deutschland auch nicht besser. Traurig macht mich nur die Tatsache, dass hier eine Kultur keine Chance bekam, sich weiterzuentwickeln, sondern durch den Krieg und seine Folgen abgebrochen wurde. Die Häuser von damals wurden entweder zerstört oder fanden den Weg in Museen. Draußen vor dem alten Hof steht ein großer, ausgehöhlter Baumstamm, in den eine Tür eingearbeitet und eine einfache Toilette installiert wurde. Für Schulklassen die größte Attraktion hier, sagt Grzegorz und bietet wohl aus Gewohnheit an, ein Foto mit mir vor der Toilette zu machen.

Fast drei Stunden dauert meine Zeitreise durch den Alltag von Bojken und Lemken. Und je mehr Häuser und Kirchen des Museums ich besuche, umso plastischer kann ich mir das Leben dieser Volksgruppen in den vergangenen Jahrhunderten vorstellen. Doch es bleibt bei der

Vorstellung. Sie mit echten Lemken und Bojken zu füllen, scheint mir unmöglich. Dann sollte ich mal im Sommer kommen, sagt Grzegorz, wenn sich alljährlich im Juli fast 20.000 Lemken aus aller Welt in dem Dorf Zdynia träfen. Auf diesem größten „Vertriebenentreffen“ Polens wird nächtelang gesungen, getanzt, Sportwettkämpfe werden ausgetragen und, natürlich, Gottesdienst gefeiert.

Ob ich wüsste, wer der bekannteste Lemke auf der Welt sei, fragt mich Grzegorz. Natürlich habe ich keine Antwort. Wie fast jeder, der hierher kommt. Und Grzegorz kostet seinen Triumph mit einer langen Pause aus. Andy Warhol! Der sei zwar schon in Amerika zur Welt gekommen, seine Familie stamme aber aus dem Ort Medzilaborce, nicht mal 50 Kilometer von hier entfernt, gleich hinter der slowakischen Grenze. Dort gebe es ein bekanntes Warhol-Museum, das sich ebenfalls zu besuchen lohne.

Doch ich fahre nicht mehr Richtung Süden, lasse Warhol in Ruhe. Die Frage allerdings, wie sich eine Verbindung zwischen seiner Pop-Art und dem Lebensstil seiner Vorfahren herstellen ließe, beschäftigt mich noch einige Zeit. Selbst vor dem Hintergrund, dass mir Grzegorz erzählt hat, wie künstlerisch begabt die Lemken waren, scheint mir Warhols Kunst doch wenig gemeinsam zu haben mit derjenigen von Bojken und Lemken. Nur einzigartig, das sind sie beide.

In diesem Jahr besuchte ich Czertyżne, den Geburtsort meines Vaters. Ich stand hier lange und betrachtete den Ort, wo bis 1947 Menschen lebten. Ich schloss die Augen und in meiner Phantasie sah ich das Dorf, das ich nur aus Erzählungen kenne. Bis heute trage ich in meinem Herzen eine eigenartige Sehnsucht nach diesem Ort.

Eintrag des Nachkommen eines Czertyżners in einem Internet-Blog

Czertyżne

Wo einst Lemken lebten. Ein Ort, der keiner mehr ist

Wie findet man einen Ort, den es nicht mehr gibt? Der weder auf einer Karte und schon gar nicht in irgendwelchen Touristenführern verzeichnet ist? Man sucht ihn. Marek, mein Reisebegleiter für die schwierigen Fälle, fährt nach dem kleinen Örtchen Banica rechts ab und biegt nach wenigen Metern in einen kleinen Feldweg ein. Dieser wird schließlich von einem kleinen Flüsschen mit Namen „Czertyżanka" abrupt abgeschnitten. Wer den Ort Czertyżne sucht, muss hier anfangen. Also ziehen wir Schuhe und Socken aus, überqueren den Fluss und wandern auf Verdacht in den Wald hinein.

Irgendwo in dieser Gegend, dem Flusstal der Czertyżanka, stand einst das von Lemken bewohnte Dorf Czertyżne. Die Lemken galten nach dem Zweiten Weltkrieg als Teil der ukrainischen Minderheit, die unmittelbar nach Kriegsende von polnischer Seite ebenso brutal wie konsequent bekämpft wurde. Polen sollte ein homogener Staat werden, in dem Minderheiten als Konfliktpotential angesehen wurden und deshalb verschwinden mussten. Die Kämpfe zwischen polnischen Einheiten und der ukrainischen Aufstandsarmee hatten mehrere zehntausend Tote zur Folge. Von April bis Juli 1947 wurden schließlich im Rahmen der so genannten *Aktion Weichsel* über 150.000 Ukrainer aus dem Südosten Polens in nördliche und westliche Landesteile deportiert und Personen, die im Verdacht standen, mit der ukrainischen Untergrundarmee zu kooperieren, in die ehemaligen Konzentrationslager nach Auschwitz-Birkenau und Jaworzno gebracht. Ganze Dörfer wurden umstellt, in einer Blitzaktion in Zugwaggons verladen und abtransportiert, um auf diese Weise die ukrainische Widerstandsbewegung zu schwächen. Dann folgte die Konfiszierung der Besitztümer, um jede Rückkehr der Einwohner zu verhindern. Nicht nur die griechisch-katholischen Kirchen gingen damals in staatlichen Besitz über, sondern auch die Friedhöfe, Wohnhäuser sowie Grund und Boden.

Das Dorf Czertyżne teilte dieses Schicksal, obwohl hier, fernab jeder Straße und Infrastruktur, in der Zwischenkriegszeit nur 170 Menschen lebten und es außer ein paar Privathäusern nur eine Schule und eine Holzkapelle gab. Im Zweiten Weltkrieg fanden selbst deutsche Soldaten nur selten den Weg hierher, wobei man dann die Einwohner zur Aushebung von Schützengräben in Banica zwang oder Pferdebesitzer zu Transportarbeiten heranzog. Wer nach dem Krieg nicht floh oder in die Ukraine ausreiste, wurde in einer gezielten Aktion Anfang Juni 1947 ausgesiedelt. Das ganze Dorf. Die Häuser wurden abgetragen, die Kirche fünf Jahre später abgerissen. Nur der Altar wurde ins nahe gelegene Banica gebracht, wo er bis heute zu sehen ist.

Der Weg durch den Wald führt uns durch einen weiteren Flussarm und ist vom vielen Regen matschig und fast unpassierbar. Was werden wir hier noch finden? Eine große Wiese? Reste von Häusern? Wird es noch Hinweise geben auf das Leben im Dorf von einst? Oder hat die Natur jeden Rest verschlungen und alle Spuren verwischt? Einen Moment lang überlegen wir, wieder umzukehren, weil immer neue Weggabelungen eine Entscheidung von uns verlangen. Doch die Neugier treibt uns weiter. Plötzlich teilt sich der Weg an einer Böschung, hinter der wir ein größeres Holzkreuz erahnen können. Im Eilschritt steigen wir auf die kleine Anhöhe.

Wir haben den alten Friedhof von Czertyżne gefunden. Im Nirgendwo, umgeben von Wald, Wegen, Hügeln und Wiesen. Ein kleiner Holzzaun, ein paar Kreuze aus Holz oder Gusseisen auf Steinsockeln. Wir halten inne. Auf den ersten Blick hat es den Anschein, als wäre hier seit Jahrzehnten kein Mensch mehr gewesen. Fast überkommt uns ein schlechtes Gewissen, diese Ruhe nun zu stören. Doch ein fast neues, eher provisorisch aufgestelltes Holzkreuz auf einem der Gräber, an dem auch noch abgebrannte Kerzen stehen, macht uns stutzig. Es war also doch noch jemand da. Später erfahre ich, dass ein ehemaliger Bewohner der Siedlung, der längst im Ausland lebte, in seinem Testament verfügt hatte, wenn möglich wieder auf dem alten Dorffriedhof begraben zu werden. Es war möglich. Und so liegt er hier zwischen den Gräbern aus längst vergangenen Zeiten. Die meisten der Inschriften sind kyrillisch geschrieben, die Witterung hat sie fast unleserlich gemacht. Ein Schild zeugt davon, dass dieser Friedhof im Bewusstsein der ehemaligen Dorfbewohner keineswegs vergessen ist: *Griechisch-Katholischer Friedhof des Dorfes Czertyżne. In den Jahren zwischen 1785-1947 fanden hier 521 Einwohner des Dorfes Czertyżne die ewige Ruhe. Zum Gedenken an die Rückgewinnung des Friedhofs im Jahr 2000. A. Madzelan.* Den Namen *Madzelan* finde ich auf einem der alten Grabsteine wieder.

Das Wort „Rückgewinnung“ spielt auf die Tatsache an, dass die ehemaligen Grundstücke der Lemkendörfer später in Polen zum Kauf angeboten wurden. Auf den Grabplatten der Toten errichteten die neuen Eigentümer nicht selten die Fundamente für ihre Sommerhäuser. In Czertyżne ist es den Nachfahren der ursprünglichen Bewohner sowie Lemkenverbänden offenbar gelungen, durch Proteste wenigstens den Friedhof zu retten. Er ist zum Denkmal geworden, das an das tragische Schicksal vieler Lemken und Bojken dieser Region unmittelbar nach dem Krieg erinnert. Zu einem Denkmal, das für sich selbst steht, fernab von jeder Zivilisation.

Ich spaziere mit Marek über die den Friedhof umgebenden Wiesen, auf denen bis heute Obstbäume wachsen. Schweigend, immer noch in Gedanken versunken, in denen wir uns die Geschehnisse von damals vorstellen. Schnell wird deutlich, dass das Gras zu einem natürlichen Mantel geworden ist für die bei gezieltem Blick immer noch sichtbaren Grundmauern der Häuser des ehemaligen Dorfes. Höhen und Tiefen, gleichmäßige rechteckige Strukturen im Wiesenboden bezeugen das Vergangene. Irgendwo zwischen den Bäumen lehnt ein altes, mehrere Meter hohes Holzkreuz an einem Baum. Ein Schild mit unkenntlich gewordener Schrift sowie eine kleine bronzene Jesusfigur hängen noch daran. Sie hat durchgehalten über die Jahrzehnte. Wenn der Baum fällt, versinkt auch das Kreuz im Gewirr aus Sträuchern und Gestrüpp.

Wir machen uns auf den Rückweg, immer noch bewegt von der Aura dieses Ortes, der so vergessen in der Natur schlummert und den zu finden uns nur mit Glück und Entdeckergeist gelungen ist. Zweimal müssen wir noch Schuhe und Socken ausziehen und durchs Wasser waten, dann stehen wir wieder vor unserem Auto. Wir sind zurückgekehrt in die Gegenwart.

Kwiatoń

Im Land der Holzkirchen

Als ich in den Niederen Beskiden zum ersten Mal eine jener berühmten griechisch-katholischen Holzkirchen erblickte, geriet mein Chip im Fotoapparat schnell an seine Leistungsgrenze. Obwohl ich keine Ahnung hatte, wie der Ort hieß, in dem die Kirche stand, nicht wusste, wem sie geweiht oder wie alt dieses architektonische Holzkunstwerk war, schlich ich bemüht andächtig um das faszinierende Gebäude herum, um jeden auch noch so kleinen Winkel im Foto festzuhalten. Hätte ich jede dieser wundervollen Kirchen, an denen ich noch vorbeikommen sollte, so intensiv fotografiert wie die erste, dann hätte sich wohl auch meine Festplatte später einmal taufen lassen.

Es ist nur folgerichtig, dass der Südosten Polens auch als „Land der Holzkirchen" bezeichnet wird. Ungewöhnlich häufig begegnen dem Besucher diese Kirchen in den hiesigen Dörfern. Meist stehen sie wie selbstverständlich irgendwo zwischen den Häusern, unweit von Wäscheleinen, Spielplätzen oder Kuhställen, immer ausgerichtet nach Osten. Auf den ersten Blick sehen sie mit ihren dreifachen Zwiebelkuppeln aus wie katholisch verkleidete orthodoxe Kirchen aus Russland. Doch im Gegensatz zu den russischen Kuppeln sind diese hier in einer Reihe angeordnet, wobei sich der eigentliche Kirchturm direkt über dem Eingang erhebt. Die dreigeteilten Kirchen sind vollständig aus Holz gebaut, meist mit Schindeln gedeckt und von einem kleinen Zaun mit mehren Eingangstoren umgeben.

Die in dieser Region vor allem unter Lemken und Bojken verbreitete griechisch-katholische Kirchenzugehörigkeit geht auf die im 16. Jahrhundert geschlossene Kirchenunion von Brest zurück. Damals schlossen sich orthodoxe Bischöfe des polnisch-litauischen Staates und Bischöfe der römisch-katholischen Kirche zusammen, um die Orthodoxie im Osten der Adelsrepublik vor Moskauer Ansprüchen zu schützen. Die orthodoxen Bischöfe durften nach der Kirchenunion ihren traditionellen byzantinischen Ritus behalten, ebenso eine eigenständige kirchliche Hierarchie und den Julianischen Kalender. Nur den Papst mussten sie anerkennen. Auf diese Weise entstand die Unierte Kirche in Polen, die bis heute existiert, obwohl sie im 19. und 20. Jahrhundert sowohl von den zaristischen Behörden als auch von den kommunistischen Machthabern verfolgt und vor allem nach dem Zweiten Weltkrieg bekämpft wurde.

Mein Bemühen, eine dieser Kirchen einmal von innen besichtigen zu können, wird erst nach mehreren Anläufen von Erfolg gekrönt. Fast immer sind die Türen – wenn nicht gerade Gottesdienst ist – verschlossen. Manchmal treffe ich nur auf einen meist handgeschriebenen Zettel, der eine Telefonnummer angibt, wo der Schlüssel zu besorgen ist. Entweder geht aber keiner ans Telefon oder der Schlüsselbesitzer ist gerade irgendwo auswärts.

In Kwiatoń, wo eine der schönsten und ältesten Lemkenkirchen aus dem späten 17. Jahrhundert zu finden ist, habe ich Glück. Eine Frau meldet sich und kommt nach wenigen Minuten strahlend und mit einem riesigen Eisenschlüssel zur Kirche. Sie freut sich anscheinend über jeden Besucher, selbst wenn er sie am Freitagnachmittag vom Grillfest wegklingelt. Nicht so schlimm, sagt sie. Jeder soll schließlich so ein Wunder sehen können! So betreten wir die Kirche durch den ersten der traditionellen drei Teile, den Vorraum, der schon den Blick freigibt in das Hauptschiff, direkt auf eine aus kunstvollen Bildern zusammengefügte Ikonostase. Bin ich noch in Polen? Oder schon neben Polen? Die Wandmalereien in der Kirche sind eindrucksvoll, ebenso die Ikonen und das hölzerne Chorgestühl über mir. Nirgends in Polen habe ich bislang ein solches Kunstwerk wie dieses gesehen.

Allein die Ikonostase hätte schon gereicht, um sich wie im östlichsten Europa zu fühlen. Aber auch die sonstige Ausschmückung der Kirche ist unverwechselbar orthodox. Neben einer Ikone des Heiligen Nikolaus, der als Regionalheiliger in fast allen Kirchen hier verehrt wird, befindet sich in Kwiatoń auch eine Ikone der Heiligen Paraskeva, der die Kirche geweiht ist. Sie gilt in Russland als Beschützerin der Frauen und Mädchen, außerdem als Patronin des Handels. „Sie haben einen guten Tag ausgewählt", erzählt mir die Frau, „denn der Name Paraskeva leitet sich vom griechischen Wort für Freitag ab. Und heute ist doch Freitag!" Einen Moment überlege ich, ob ich ihr antworten soll, dass ich genau aus diesem Grund die Kirche heute besuchen wollte, bin mir aber nicht sicher, ob der Scherz ankommt und lächle nur vielsagend.

Aus meiner Begeisterung holt mich dann ein ziemlich einfacher Altartisch vor der Ikonostase schnell in die Gegenwart zurück. So ein Altar? Hier? Die Erklärung meiner Führerin ist ebenso einfach wie traurig. Durch die Verfolgung und Aussiedlung der Lemken und Bojken nach dem Zweiten Weltkrieg wurde die Zahl der unierten Gläubigen in dieser Region stark reduziert. Die Kirchen blieben meist ungenutzt oder wurden wie auch diese hier von den Katholiken übernommen. In manchen Gemeinden wechseln sich noch heute Katholiken und Unierte bei der Nutzung der Kirche ab, in Kwiatoń selbst gibt es aber nur noch zwei griechisch-katholische Familien. Ursprünglich, so erzählt mir die Frau mit dem Schlüssel, durften durch die zentrale Mitteltür der Ikonostase traditionell nur die Priester gehen. Durch die katholische Nutzung der Kirche würde das aber nicht mehr so streng gehandhabt. Wer heiratet, darf auf jeden Fall einmal in seinem Leben durch die Tür schreiten. Sogar mit einer Krone auf dem Haupt! Auch die ursprüngliche Aufteilung der Sitzreihen nach Frauen und Männern sei nun nicht mehr wichtig. Der Geist, der hier heutzutage herrsche, sei ein katholischer, auch wenn sein Haus orthodox ist.

Mit großer Begeisterung führt mich die Frau durch die Kirche, erklärt mir die Motive der Ikonen, die Wandmalereien, und wie aufwendig und kostenintensiv die Renovierungsarbeiten waren. Dann kommt auch für mich der große Moment, als ich durch die so genannte „Zarentür“ in den Altarraum schreiten darf. Obwohl ich weder der Zar noch Priester bin, noch gerade heirate. Trotzdem fühle ich mich gleich ein wenig wertvoller.

Irgendwann ist der Chip in meiner Kamera dann wirklich voll und ich bin froh, dass auch die Frau mit dem Schlüssel mit der Führung zu Ende kommt. Als ich nach draußen trete, spazieren zwei Störche über die Wiese vor der Kirche. Fast instinktiv greife ich zur Kamera, breche das Vorhaben aber ab, da die Störche wohl nicht warten werden, bis ich eine neue Speicherkarte eingelegt habe. So ist es auch. Während ich mich von der Frau verabschiede, nehmen sie kurz Anlauf und erheben sich mit ihren großen Flügeln über die Kuppeln der Kirche. Ein kitschiges Motiv wäre das geworden. Aber ein schönes. Nur die Frau würdigt die Störche keines Blickes. Sie kennt das ja.

1 RUSS.
KRIEGER

Smerekowiec

Kriegsgräber als Kunstwerke

Auf meiner Reise durch den Südosten Polens fahre ich immer wieder an Friedhöfen vorbei. Aus dem Ersten Weltkrieg. Aus dem Zweiten Weltkrieg. Und natürlich und vor allem an jüdischen Friedhöfen. Selbst an den abgelegensten Orten holt mich die traurige Geschichte dieser Region ein, in deren Erde polnische, ukrainische, russische und österreichische Tote ruhen. Häufig ist meine Reise durch diesen Teil des Landes geprägt von Stille und Einkehr, Rückbesinnung auf historische Ereignisse, nachdenklichen Spaziergängen zwischen Gräbern und Kreuzen.

Am auffälligsten stechen mir die Kriegsfriedhöfe aus dem Ersten Weltkrieg ins Auge, die überall auf Bergen und in Tälern, in Wäldern und auf Feldern, in Dörfern und Städtchen dieser ehemals zum österreichischen Teilungsgebiet gehörenden Region verstreut sind. Die russische Offensive 1914 und deren Zurückschlagung hatten unzählige Opfer auf allen Seiten gekostet, und die meisten Gräber waren zunächst nur provisorische Massengräber, die in keiner Weise der Würde der Gefallenen gerecht wurden. Der Umgang mit den Toten geriet zu einem viel diskutierten Problem der damaligen Zeit und schon bald kamen die österreichischen Behörden zu dem Schluss, hier eine Lösung finden zu müssen. Man war bestrebt, jede Leiche zu identifizieren und neu zu begraben, den Gefallenen außerdem das Recht auf ein Denkmal zu ermöglichen, unabhängig von der Frage, welcher Armee sie angehört hatten. Im Jahr 1915 wurde deshalb ein gewaltiges Projekt ins Leben gerufen, in dessen Verlauf über 400 Friedhöfe für 60.000 Tote in der Region neu konzipiert und geschaffen wurden. Sie sollten Dankbarkeit und Achtung gegenüber den Opfern dieses Krieges zum Ausdruck bringen, und zwar sowohl durch ihre künstlerische Gestaltung, als auch durch ihre malerische Einbettung in die Natur. „Es handelt sich hier nicht nur um einen Ausdruck der Dankbarkeit für die Helden (...), sondern um ein Kulturwerk von höchster Bedeutung, dessen Realisationsweise noch den kommenden Generationen als Maß für die Beurteilung unserer moralischen und künstlerischen Empfindsamkeit dienen wird", beschrieb die damals einberufene Ministeriumskommission das Anliegen dieses Projektes. Über 3.000 Menschen, darunter Steinmetze aus Italien, Zimmerer aus Russland sowie Gärtner, Künstler und Projektleiter aus verschiedenen anderen Nationen setzten diese Idee innerhalb von drei Jahren in die Tat um, bevor die k.-und-k.-Monarchie von der europäischen Landkarte verschwand und auch die Friedhöfe in Vergessenheit gerieten.

Direkt an der Landstraße nordöstlich der Stadt Zdynia stoße ich auf den kleinen Kriegerfriedhof Nr. 56 von Smerekowiec. Er gehört zu den weniger bekannten Friedhöfen des Projektes, liegt etwas abseits der Haupttrassen und wird selbst in ausführlichen Reiseführern selten erwähnt. Durch seine Lage auf einer Wiese direkt an einer kleinen Straße entspricht er nur ansatzweise der postulierten Einbettung in die Natur, wie sie bei vielen anderen Friedhöfen dieser Art zu sehen ist. Eigentlich wollte ich den großen Friedhof in Gorlice besuchen, der sich imposant auf einem Hügel hoch über der Stadt erhebt. Doch dieser kleine hier in Smerekowiec hat es mir mehr angetan. Er spielt nicht mit der Kunst, stellt sich nicht zur Schau. Er ruht in sich in dem ehrlichen Bemühen, auch für diese wenigen Soldaten, die hier abseits der Hauptschlachtfelder gefallen sind, das Gedenken zu wahren. *Wir waren ein Atemzug der Millionen, die das Vaterland gerettet haben*, steht auf dem zentralen Kreuz geschrieben. Vor ihm liegen 22 Soldaten der österreichisch-ungarischen Armee in 13 Einzelgräbern und zwei Gemeinschaftsgräbern beerdigt. Alle mit Namen versehen und dem Tag ihres Todes. Ein weiteres Grab gehört einem namenlosen russischen Krieger. Es fällt mir auf, weil sein Holzkreuz im Gegensatz zu den anderen Kreuzen mit zwei

Querbalken versehen ist. Auch darauf hat man damals also Rücksicht genommen, als man die Würde aller Soldaten, auch der gegnerischen, zu wahren gedachte. Der Projektleiter dieses Friedhofs war der Slowake Dušan Jurkovič, der zu den bekanntesten Künstlern der damaligen Initiative gehörte. Auch auf diesem Friedhof sind die Einflüsse volkstümlicher Holzbaukunst sichtbar, die für seine Projekte kennzeichnend waren. Jedes Holzkreuz ist kunstvoll mit einem Metalldach überspannt, das mit zwei Eisennägeln am Querbalken befestigt ist. Der ganze Friedhof ist von einer kniehohen Mauer umgeben, die ihn abgrenzt von der Umgebung und das Eintreten durch ein Eisentor notwendig macht. Wer hierher kommt, soll das Tor hinter sich schließen und innehalten im Gedenken an die Ereignisse des Ersten Weltkriegs, der vor allem für viele polnische Soldaten von besonderer Tragik war. Ohne eigenes Land, und damit ohne eigene Truppen, kämpften sie – zum Teil gegeneinander – in drei verschiedenen Armeen. Dass Polen nach 1918 endlich wieder einen eigenen Staat erhielt, war für die polnischen Opfer des Krieges kein Trost. Für sie blieb der Weg das Ziel.

Ignacy Łukasiewicz (I) – die Erfindung der Petroleumlampe

Mitten im Stadtverkehr von Gorlice stoße ich an einer Kreuzung auf eine eigenartige Straßenlaterne. Eingerahmt von einem Eisenzaun erhebt sie sich wie ein Pilzfuß ohne Kappe, stattdessen sitzt auf ihrer schmal zulaufenden Spitze eine nachdenkliche Jesusfigur, die überdacht ist von einem kunstvoll geschwungenen Baldachin mit Kreuz. Die eigentliche Lampe aber ist an die Seite montiert, hebt sich in ihrer schwarzen Farbe ab vom Weiß des Kegels.

Die Laterne steht so selbstverständlich im Straßenverkehr, dass ich zunächst kaum glauben kann, welcher revolutionären Erfindung ich gerade gegenüberstehe. Hier, in dieser eher unbekannten Kleinstadt Gorlice im Südosten Polens, wurde im Jahr 1854 die erste Petroleumlampe als Straßenlaterne aufgestellt. Freilich, die Lampe, die heute aus dem Kegel ragt, ist neueren Datums und dient keinem Zweck mehr. Doch aus einem Gemälde an der Hauswand nebenan ragt eine hineinmontierte Rekonstruktion des Originals von damals. Auf dem Bild stehen eine Frau und drei Männer an der Straßenecke und betrachten ziemlich skeptisch die neue Errungenschaft.

Gegenüber der Laterne, auf marmornem Sockel, steht die Büste des Vaters aller Petroleumlampen, die Büste von Ignacy Łukasiewicz. Zugegeben, ich war überrascht, als ich zum ersten Mal erfuhr, dass der Erfinder der Petroleumlampe aus dem Gebiet des heutigen Ostpolen stammte. Irgendwie hatte ich diese Region bislang mit keiner Person verbunden, schon gar nicht mit einer die Welt verändernden Erfindung. Doch nicht nur hier, an dieser Straßenkreuzung, sondern auch bei einem Besuch des Museums für Erdölindustrie in Bóbrka, das nach Łukasiewicz benannt ist, wird mir die herausragende Bedeutung dieses

Mannes für die Entwicklung der Erdölförderung und -nutzung vor Augen geführt.

Eigentlich arbeitete Łukasiewicz zunächst als Lehrling in einer Apotheke in Łańcut und später in Rzeszów, die beide im österreichischen Teilungsgebiet lagen. Im Verdacht, Mitglied einer propolnischen Verschwörergruppe zu sein, wurde er verhaftet und in ein Gefängnis nach Lemberg gebracht. Nach seiner Entlassung forschte er mit seinem Kollegen Jan Zeh an einem Destillationsverfahren, um einen – im Gegensatz zum bislang verwendeten teueren Walöl – saubereren und zugleich günstigeren Brennstoff aus Erdöl zu gewinnen. Nach mehreren misslungenen Versuchen gelang es ihm schließlich, mit Hilfe des Blechschmieds Adam Bratkoski, den ersten Prototypen einer Petroleumlampe zu entwickeln. Als Łukasiewicz am 31. Juli 1853 in das Piaristen-Krankenhaus von Lemberg gerufen wurde, um mit seiner Petroleumlampe für Licht bei einer nächtlichen Blinddarmoperation zu sorgen, wurde dieser lebensrettende Einsatz zum symbolischen Datum einer neuen Ära. Und der Blinddarm des Patienten, eines gewissen Władysław Chłocki, ein Stück Geschichte.

Die stinkenden und gefährlichen Öllampen hatten von nun an ausgedient, die Erfindung von Łukasiewicz trat ihre Reise um die Welt an. In Wien, Paris, Berlin, Leipzig und selbst in den USA wurde seine Lampe, die sich auch ärmere Bevölkerungsschichten leisten konnten und die mehr Licht gab als die herkömmlichen Öllampen, massenweise hergestellt und verkauft. Eine Kopie der ersten Petroleumlampe finde ich im Vorkarpaten-Museum in Krosno, wo sich mir die größte Petroleumlampensammlung Europas präsentiert. Unscheinbar sieht sie aus mit ihren vier Metallringen, die zwei Glaszylinder zusammenhalten, an deren unterem ein schlichter Griff montiert ist. Ein Docht saugt das Petroleum von unten nach oben, wo er an seiner Spitze entzündet wird. Bis heute hat sich an dieser Konstruktion nichts verändert. Damals hat sie alles verändert.

Im Jahr 1854, also ein Jahr nach der Operation, rettete die mittlerweile weiterentwickelte Petroleumlampe nicht nur Patienten das Leben, sondern sie sollte auch auf den Straßen für Sicherheit sorgen. Die erste Straßenbeleuchtung mit Petroleumlampen trat in Gorlice ihren Dienst an und erhellte die Nacht. Heute dient die Laterne freilich mehr der Erinnerung an das Ereignis als der Sicherheit auf der Straße. Im Gegenteil. Dieser sonderbare Kegel zieht die Aufmerksamkeit der Autofahrer auf sich, und es stellt sich für mich die Frage, ob der Ort unmittelbar vor einer Kreuzung eine gute Wahl war. Wie dem auch sei, ein Denkmal hat diese Lampe auf jeden Fall verdient, auch wenn ihre Lebensdauer nur kurz war. Die Glühbirne drängte auf den Markt und knipste schon bald der Petroleumlampe das Licht aus.

STREFA
ZAGROZENIA
WYBUCHEM
2

Ignacy Łukasiewicz (II) – die ersten Erdölförderanlagen der Welt

Wenige Kilometer südwestlich der Stadt Krosno, in einem Waldgebiet in der Nähe des Ortes Bóbrka, mache ich eine erstaunliche Entdeckung: Vor mir erheben sich mehrere gewaltige Bohrtürme aus Stahl, die hier, mitten in einer abgelegenen Region Ostpolens, den Geist des Denver-Clans aufleben lassen. Erdölförderung in Ostpolen? Ich läute an der Tür des Eingangs zum Museum für Öl- und Gasindustrie in Bóbrka, das nach einem der wichtigsten Pioniere der weltweiten Erdölgewinnung benannt ist: Ignacy Łukasiewicz.

Obwohl im Karpatenvorland schon seit Jahrhunderten das Erdöl in kleineren Sickergruben an die Oberfläche trat und vor allem als Heilmittel oder Schmieröl im Hausgebrauch verwendet wurde, konnte es erst durch die technischen Entwicklungen von Łukasiewicz aus der Tiefe empor geholt und dadurch industriell genutzt werden. Seine Erfindung der Petroleumlampe im Jahr 1853 ließ den Bedarf an Erdöl in der zweiten Hälfte des 19. Jahrhunderts rasant steigen, und so begann Łukasiewicz ein Jahr später die Erdölförderung in großem Stil in dieser Region aufzubauen.

Nach kurzem Warten holt mich ein Herr, der sich als Henryk vorstellt, an der Pforte ab. Er ist zuständig für die Besucher des Museums und hat mich schon erwartet. „So wie Sie schauen, schauen viele, wenn sie zum ersten Mal hier sind!“, begrüßt er mich lachend. Ich fühle mich ertappt. Mit Anlagen dieser Art hatte ich hier nicht gerechnet. Zu meiner großen Erleichterung lassen wir die hohen Stahlbohrtürme und die sich zahlreich unter ihnen befindenden Hightech-Maschinen links liegen und gehen gleich in den hinteren Teil des Museums. Łukasiewicz kam im Jahr 1854 nach Bóbrka, um hier die weltweit erste Erdölförderung im Untertagebau ins Leben zu rufen, erzählt Henryk. Ich kann das kaum glauben. Die erste der Welt? Hier in Ostpolen? Henryk nickt. Und wie zur Entschuldigung fügt er hinzu: Der erste Bohrturm in Amerika entstand erst 1859, also fünf Jahre später. Bleibt die Frage, ob das auch die Amerikaner wissen.

Auf unserem Weg durchs Museum verwandelt sich der Stahl schnell zu Holz, die Türme werden kleiner, und am Ende stehe ich vor einem großen Holzeimer, der an einem Seil aufgehängt ist und mit einer Holzwinde in ein tiefes Loch versenkt werden kann. „Das ist Franek!“, sagt Henryk, und beinahe hätte ich mich auch vorgestellt. „Franek“ ist einer der ältesten in Europa erhaltenen und nur teilweise rekonstruierten Brunnen zur Ölförderung, er stammt aus dem Jahre 1860 und förderte Öl aus einer Tiefe von zunächst 50 Metern, später, mit Hilfe einer Winde, sogar aus 150 Metern. Je tiefer das Öl lag, umso leichter war es und umso geeigneter für die Gewinnung von Petroleum, erklärt mir Henryk. Mit Unterstützung seines Geldgebers Titus Trzecieski und des Großgrundbesitzers Karol Klobassa-Zręcki baute Łukasiewicz seit Mitte der 50er Jahre des 19. Jahrhunderts an verschiedenen Orten Förderanlagen, die er von Jahr zu Jahr modernisierte und verbesserte. Aus immer größeren Tiefen konnte das Öl mittels neuerer Techniken emporgeholt werden. Immer ausgeklügelter wurden die Bohrungen, die sich vom Graben mit der Hand über den Schlagbohrmechanismus bis hin zum Drehbohrer entwickelten.

Henryk entpuppt sich als eine wahre Enzyklopädie für Erdölförderung auf zwei Beinen. Neben „Franek“ stellt er mir noch „Janina“ vor, die etwas jünger ist und zunächst aus 132, später aus 250 Metern Öl förderte. Mit Hilfe einer Pumpe werden durch sie bis heute 50–100 Liter Öl am Tag gewonnen. Vorbei an weiteren Bohranlagen sowie nach einem kurzen Abstecher ins ehemalige Bürohaus von Łukasiewicz nähern wir uns wieder Schritt für Schritt den Stahltürmen am Eingang des Museums. Durch die Pionierarbeit von Łukasiewicz entwickelte sich in dieser Region in den 80er Jahren des 19. Jahrhunderts ein richtiger Ölrausch, das Karpatenvorland Galiziens wurde zur drittgrößten Erdölregion der Welt. Fünf Prozent der Weltförderung vor dem Ersten Weltkrieg stammten von hier, allein 1909 wurden 2 Millionen Tonnen gefördert.

Die Zahlen sind beeindruckend. Immer wieder frage ich mich, warum diese Geschichte in Deutschland kaum bekannt ist. Als ich Henryk darauf anspreche, zuckt er nur die Schultern. So schnell, wie alles anfing, ging auch alles vorbei. Die Infrastruktur wurde nicht zügig genug aufgebaut, die Bürokratie war zu kompliziert und die Konkurrenz aus Amerika zu stark. Viele der Fachleute von hier sind abgewandert. Zu Texaco zum Beispiel, fügt Henryk stolz hinzu. Und das sei kein Witz. Aber hier in Bóbrka geht die Ölgewinnung bis zum heutigen Tage weiter. Ungefähr 15.000 Liter werden im Monat gefördert. Da die Menge verhältnismäßig klein ist, gibt es keine Rohrleitungen, sondern nur Lastwagen, die das Öl von hier zur Weiterverarbeitung abtransportieren. „Für 10 Jahre reicht es noch“, sagt Henryk, „dann sind wir nur noch Museum!“

Ziemlich erschöpft und mit Zahlen und Eindrücken überladen, liefert mich Henryk nach zweistündiger Führung in dem kleinen Café am Eingang des Museums wieder ab. Einen Moment habe ich das Gefühl, dass auch durch meinen Körper längst Öl fließt statt Blut. Und ich ertappe mich dabei, wie ich für einen Moment die Oberfläche meines Kaffees im Sonnenlicht spiegele, um ganz sicher zu gehen.

PRODUKT LOKALNY
MADE IN BIESZCZADY

Bieszczady

Unter Teufeln und Gespenstern

Über achtzig Meter senkt sich die Mauer des Solina-Staudamms neben mir in die Tiefe. Für den Blick nach unten nehme ich sicherheitshalber meine Sonnenbrille ab. Die Masse dieser größten Stauwand in Polen ist gewaltig und fast instinktiv geht mein Blick auf die andere Seite des Dammes, wo sich ohne sichtbares Ende links und rechts die Ufer des Solina-Stausees erstrecken. Es bedarf in der Tat keiner blühenden Phantasie, um sich auszumalen, welch großer Druck auf dieser Mauer lastet, auf der ich gerade den Damm entlang spaziere.

Der Solina-Stausee ist der größte seiner Art in Polen und dient vielen Touristen als Surf- und Segelparadies sowie als Ausgangspunkt für einen Ausflug in den angrenzenden Bieszczady-Nationalpark. Doch von Massentourismus kann hier noch keine Rede sein. Nicht ohne Grund bezeichnet man diesen im äußersten Südosten gelegenen Zipfel des Landes als Polens *Wilden Osten*. Unmittelbar nach dem Zweiten Weltkrieg waren hier im Rahmen der *Aktion Weichsel* große Teile der Bevölkerung ausgesiedelt worden, dann blieb die Region jahrelang sich selbst überlassen. Später erlangten die Bieszczady Berühmtheit, weil sich in den folgenden Jahrzehnten hier nicht nur zivilisationsmüde Aussteiger niederließen, sondern auch mit dem Gesetz in Konflikt geratene Tunichtgute und Flüchtlinge. Wer nicht gefunden werden wollte, war hier sicher. Allerdings bedurfte es für solche Lebenspläne einer großen Portion Mut, denn auch wenn Braunbären, Wölfe oder Wisente bis heute eher scheue Mitbewohner darstellen, so war ein persönlicher Kontakt mit ihnen nie ausgeschlossen. Der Hunger konnte für alle Beteiligten zu einem nicht unerheblichen Problem werden …

Tatsächlich geizt die Region nicht mit gruseligen Geschichten und Geheimnissen, wobei manchmal wirklich nicht ganz klar ist, wo die

Realität aufhört und die Legende beginnt. Als der Staudamm im Jahr 1968 fertig gestellt war, mussten beim Einstau zahlreiche kleinere Dörfer geflutet werden. Ein älterer Mann, der hier in der Nähe arbeitet, erzählt mir, dass die badenden Touristen noch jahrelang Knochenreste am Ufer des Sees aufgesammelt hätten, die durch die Überflutung der Friedhöfe in den See gelangt waren.

Auf meiner Fahrt vom Solina-See in die Bieszczady wird mir schnell klar, warum das Auto das falsche Gefährt ist, um den Geheimnissen dieses Landstrichs auf den Grund zu gehen. Die Berge und Anhöhen dulden keine Zivilisation, die Straßen enden, bevor die eigentlichen Wege anfangen. Die meisten Menschen, die ich unterwegs treffe, haben einen großen Rucksack aufgeschnallt mit Isomatte und Schlafsack. Nur so lassen sich die für die Region typischen „Poloninen“ erklimmen, also jene unbewaldeten Kammlagen der Höhenzüge, die vor allem mit Gras bewachsen sind und früher als Hochweiden genutzt wurden.

Für Naturliebhaber mag das Gebiet ein Paradies sein. Mich dagegen schrecken schon die zahlreichen Holzkeulen, Äxte und Giftzwerge ab, die unweit des Staudamms an den Souvenirständen verkauft werden. Der Legende nach lebte in den Bieszczady einst ein Zły-Bies, ein böser Dämon, der die Einsamkeit liebte und jedem Eindringling das Leben schwer machte. Nur der junge und kräftige San war so verliebt in die Gegend, dass er sich mit seinem Stamm hier niederließ, sehr zum Leidwesen des Dämons. Als kein Mittel mehr half, erschuf der Dämon die Czady, sonderbare, ebenso flinke wie freche Fabelwesen, die den Eindringlingen den Garaus machen sollten. Als San aber einem dieser Wesen das Leben rettete, wechselten sie die Front und es kam zum unvermeidlichen Zweikampf zwischen dem Dämon und San, die nach langem Kampf schließlich beide völlig entkräftet in den Fluten des Flusses versanken. So kam es, dass die Menschen dem Fluss den Namen San gaben und die Region nach dem bösen Bies und den von ihm geschaffenen Czady benannten.

Eine Legende natürlich, doch die Vorstellung, hier nachts in einem Zelt irgendwo in der Wildnis zu kampieren, weckt bei mir keinerlei Urlaubsgefühle. Da kaufe ich mir dann doch lieber einen dieser drolligen Holz-Czady in einem der Souvenirläden und überlasse die Bieszczady denjenigen, die mehr Gefallen finden an Knochen im Badesee oder unheimlichen Legenden, die zu Recht jene verschrecken sollen, die nicht hierher gehören …

Przemyśl

Wenn „Ameisen“ die EU verlassen. Eine Grenzerfahrung am Übergang Medyka

Eine lange Autoschlange kündigt das Ende der Straße an. Und zugleich das Ende der Europäischen Union. Wer hier weiterfährt, begibt sich außerhalb der europäischen Gesetzeslage, außerhalb der Währungsunion, überschreitet die Glaubensgrenze vom katholischen Polen zur orthodoxen Ukraine. Wir schreiben das Jahr 2010. Was aus den Hoffnungen jenseits dieser Grenze wird, einmal dazuzugehören, weiß ich nicht. Weiß keiner so recht. Also arrangiert man sich mit der Situation. Einmal aus der EU ausreisen und dann gleich wieder zurückkommen. Das ist mein Plan. Marek lacht. Und spielt nicht mit. Zu oft schon sind ihm seine Gäste an dieser Grenze vorübergehend abhanden gekommen, den komplizierten und oft provokanten Grenzkontrollen zum Opfer gefallen. Macht nichts. Ich will es trotzdem wissen und Marek wartet im Auto. Mit meiner Handynummer. Für alle Fälle.

Schon mein Versuch, aus dem Auto zu steigen, gestaltet sich schwierig. Eine Menge von Menschen hat sich sofort um unser Auto geschart, nur mit Mühe bekomme ich die Tür auf. Und ich staune nicht schlecht. Mindestens ein Duzend Leute drängelt sich an mich heran, sie reden polnisch oder ukrainisch und alle haben zwei Schachteln Zigaretten und eine Flasche Wodka in der Hand. Nicht mehr und nicht weniger. Das sieht komisch aus, aber ich traue mich nicht zu lachen. Bevor ich überhaupt etwas mache, trete ich zur Seite, lehne alles ab, die Hälfte verzieht sich. Die andere Hälfte wage ich anzusprechen. Der Deal: Ich darf Fragen stellen, dafür kaufe ich dann zwei Schachteln Zigaretten und eine Flasche Wodka. Ein Junge macht mit. Mit genau dieser Menge Zigaretten und Wodka darf er einmal pro

Tag über die Grenze. Das wird registriert und bringt ihm bei Verkauf umgerechnet etwas mehr als einen Euro Gewinn. Die Preise sind bei allen Händlern gleich. Fünf Złoty die Schachtel Zigaretten, zehn der Wodka. Wer zweimal rüber geht, wird zurückgeschickt, wer schmuggelt, bekommt eine Geldstrafe. Nach zwei Jahren muss jeder Händler eine neue Genehmigungskarte kaufen. Wieder für zwei Jahre.

Der Junge nimmt etwas verunsichert meine Złotys und haut ab. Sehr wohl war ihm nicht bei dem Gespräch. Mir auch nicht. Aber mit Zöllnern zu sprechen, bedarf einer Genehmigung aus Warschau. Ohne Genehmigung sagt hier keiner etwas. Nur gegen Abkauf der Ration. Dann sprechen wenigstens die Händler.

Diese Sache wäre also geklärt. Aber warum stehen vor der Grenze Dutzende von Lastwagen voller Fleischpäckchen, Küchengeräte oder anderer, unterschiedlicher Produkte? Und überall drängeln sich Massen von Leuten, stecken die Waren in Tüten, aber keiner zahlt irgendwo etwas. Also muss ich wieder zwei Schachteln Zigaretten und einen Wodka kaufen, dann bin ich schlauer. Eine ältere Frau erzählt mir, dass die Leute die Lebensmittel auf der polnischen Seite nur in Tüten packen und sie dann auf dem Rückweg von ihren eigenen Verkäufen über die Grenze tragen. Jeder ein Stück. Nachher werden diese wieder bei den drüben stehenden Lastwagen abgegeben. Gegen ein kleines Entgelt. Voll beladen dürfen die Lastwagen nämlich nicht rüber bzw. müssen hohe Zölle zahlen. Jetzt verstehe ich auch, warum die Menschen hier an der Außengrenze der EU, die durch den kleinen Grenzverkehr ihr Geld verdienen, „mrówki“, also „Ameisen“ genannt werden. Sie laufen weite Wege mit teilweise schweren Lasten für wenig Geld. Machen aus Großem Kleines und aus Kleinem dann wieder Großes. Aber die Summe ihres Fleißes lässt sie überleben. Das verdient Respekt.

Nach zwei weiteren Schachteln Zigaretten und der dritten Flasche Wodka erfahre ich von der jungen Ukrainerin Olga, dass viele Polen lieber gleich selbst in die Ukraine fahren, um dort zu tanken und um Wodka und Zigaretten direkt an der Quelle zu kaufen. Dann ist alles nämlich noch ein kleines bisschen billiger. Ihr Mann arbeitet beim ukrainischen Grenzschutz. Jede Nacht sammelt er, mit modernen Infrarotlampen und sonstigem Gerät ausgestattet, Menschen auf, die heimlich über die grüne Grenze in die EU gelangen wollen. Nach Polen darf er selbst nie einreisen. Des Jobs wegen. Also schreibt er Olga immer auf, was sie so mitbringen soll vom riesigen Supermarkt direkt an der polnischen Grenze. Überhaupt tauscht manch ein Händler seinen gerade gemachten Gewinn sofort in dem Supermarkt in polnische Produkte ein, weil eben nicht alles in der Ukraine billig ist. Im Gegenteil.

Es wundert mich nicht, dass persönliche Gespräche mit den Grenzern unmöglich sind. Das System hier ist komplexer als man meint und über vieles, was passiert, darf und will man nicht laut reden. Das System basiert auf einer Theorie, die keineswegs immer in der Praxis funktioniert. Oft hängt der Übertritt von der Laune eines Zöllners ab, schließlich wissen alle und jeder, was hier gespielt wird. Schwierigkeiten gehören zum Alltag. Glatt laufen darf hier gar nichts, denn ein bisschen Spannung muss schon sein, um die Angst aufrechtzuerhalten. Schließlich ist das hier kein Kinderspielplatz. Auch das wissen alle. Also mache ich die Probe aufs Exempel. Meine erstandenen Waren deponiere ich bei Marek im Auto und reihe mich ein in die an diesem frühen Abend schon geschrumpfte Menschenschlange. Ich bin guter Hoffnung, dass mein kleiner Ausflug gelingt. Doch ich sollte mich täuschen.

Die polnischen Posten lassen mich nach kurzer Kontrolle und skeptischem Blick durch. Die ukrainischen Grenzer, bei denen ich schon in einer etwas größeren Schlange warten muss, bitten mich überraschend ins Innere des Gebäudes. Sie trauen mir nicht. Ein Deutscher ohne jedes Gepäck, ohne Plastiktüten und sonstige Ausstattung, der am späten Nachmittag zu Fuß in die Ukraine einreisen will, muss entweder verrückt oder illegal unterwegs sein. Ich bin sprachlos. Erkläre, dass ich den Übergang nur ausprobieren wollte und gleich wieder zurück will. Und ein Buch schreibe. Für wen? Worüber? Mittlerweile kann ich wenigstens einen Hauch von Humor in ihren Gesichtern erkennen, und die Fragen sind mehr von Neugier als von Sorge geprägt. Nach kurzer Rücksprache entscheidet man: Der ist verrückt. Sie schicken mich weiter, nicht ohne sich noch die letzten drei Bilder meines Fotoapparates anzusehen, um sicherzugehen, dass ich nicht doch hier an der Grenze Fotos gemacht habe. Auch das gibt's also noch. Und wehe, sie sehen mich nicht gleich auf der anderen Seite wieder! Ich verspreche es. Hoch und heilig. Ach ja, ob ich einen ukrainischen Stempel in den Pass möchte, fragt der Grenzer noch zum Abschluss. Mir treibt es den Schweiß auf die Stirn. Welche Konsequenzen hat das? Ich denke an meine Familie. Darf ich damit noch im Sommer nach Amerika? Unsinn. Aber warum fragt man mich so etwas hier? Ich weiß es nicht. Dann siegt der Trophäenjäger über den Skeptiker und ich willige ein. Ja bitte, stempeln!

Marek wartet schon fast eine Stunde. Und mir ist der Spaß auch schon irgendwie vergangen. Zwei Minuten später treffe ich den ukrainischen Grenzer wieder auf der Ausreiseseite, wo eine Kollegin meinen Pass kontrolliert. Da wollte er dann schon auf Nummer sicher gehen, dass dieser Deutsche auch wirklich wieder dahin geht, wo er hergekommen ist …

Beim polnischen Grenzhaus erlebe ich dann mein blaues Wunder. Die Nicht-EU-Schlange ist über 50 Meter lang. Die EU-Schlange mit vor allem polnischen Rückkehrern ca. 10 Meter. Aber es gibt Personenkontrollen und nichts, aber auch gar nichts geht vorwärts. Ich warte 10, dann 20 Minuten. Dann klingelt mein Handy. Marek. Er lacht und hat es sich zwischen den Wodkaflaschen und Zigarettenschachteln im Auto bequem gemacht. Er hat's ja gewusst. Nach einer weiteren halben Stunde sprechen mich die Polen in der Schlange an. Ob ich Deutscher sei.

Als ich bejahe, machen sie mir wie von Geisterhand den Weg frei. Das ist etwas anderes. Ich solle einfach vorgehen und meinen Pass zeigen. Dann ließen sie solche Spaßvögel wie mich schon durch. Ich nehme das Angebot an. Winke vorne mit meinem Pass einen der Grenzer heran, erzähle ihm meine Geschichte und von Marek, der auf mich wartet. Und das Wunder passiert. Sie lassen mich durch. Ganz einfach. Aber nur mich. Eine Frau, die mit mir durchschlüpfen will, hat Pech.

Im Laufschritt eile ich zu Mareks Auto. Noch nie musste ich mit meinem deutschen Pass wedeln, um allein deswegen vor allen anderen Menschen eine Grenze passieren zu dürfen. Das war nur peinlich. Und wie lange die Polen dort noch stehen müssen, weiß der Himmel. Und vielleicht Marek, der mich spitzbübisch angrinst im Auto. Aber ich sage nichts, frage nichts, lasse ihn seinen Triumph genießen. Als Geste des Respekts vor seiner Ortskenntnis schenke ich ihm noch die paar Packungen Zigaretten und drei weitere Wodkaflaschen. Als Nichtraucher und Nichttrinker kann ich mit dieser Geste leben. Und das Gepäck bin ich los. Dann fahren wir wieder Richtung Westen. Unbedingt Richtung Westen.

Glocken für die Welt. Besuch in der Gießerei *Felczyński*

Durch ein Tor gelange ich über einen kleinen Hof zu einem ziemlich renovierungsbedürftigen Haus, an dessen Wand eine polnische Fahne flattert. Neben der Tür ist ein großes Schild angebracht mit der Aufschrift: *1808 Glockengießerei und Reparatur. Jan Felczyński.* Die Stadt Przemyśl ist stolz auf ihren Ruf als Stadt der Glocken und der Tabakspfeifen, deren Produktion hier eine lange Tradition besitzt. Ursprünglich hatte Michał Felczyński seine erste Glockengießerei im Jahr 1808 in der heute ukrainischen Stadt Kałusz gegründet, wo bis zum Jahr 1912 auch der Hauptsitz des Familienbetriebs lag. Später eröffnete Ludwig Felczyński dann eine Filiale in Przemyśl, die bis heute, aufgeteilt auf zwei Unternehmen, als Familienbetrieb in der Produktion ist.

Unter lautem Getöse schiebt sich eine ziemlich in die Jahre gekommene Eisentür auf und heraus tritt Witold Sobol, der heutige Besitzer des Unternehmens unweit der Altstadt. Eigentlich hatte er gar keine Zeit für meine kurze Besichtigung, aber dann siegte doch seine Gastfreundschaft über den Termindruck und so lud er mich zu einem kurzen Treffen in den Betrieb ein. Dass das Glockengießen heute ein in Europa selten betriebenes Handwerk ist, vermittelt er mir allein schon dadurch, dass er mir mit einem Augenzwinkern den Handschlag verweigert. „Zu dreckig!“, sagt er und grinst dabei.

Überhaupt hatte ich mir diesen Ort ganz anders vorgestellt. Ich war auf eine Fabrik eingestellt, eine große Produktionshalle, wenn schon nicht mit Maschinen ausgestattet, dann wenigstens voller Menschen, die an unterschiedlichen Glocken herumhantieren. Aber nichts von alldem bekomme ich zu sehen. Als mich Witold hinter die Eisentür führt, überkommt mich das Gefühl, über eine Zeitreise in eine Erdhöhle aus dem 19. Jahrhundert transportiert worden zu sein. Es ist halbdunkel, die Wände bröckeln, sind schlecht oder gar nicht verputzt. Der große Raum ist durch eine Trennmauer zweigeteilt, die nach unten hin ausgebrochen ist. In jeder Ecke stehen Glocken. Kleine, große, fertige, halbfertige, alle auf hölzernen Schemeln irgendwie darauf wartend, bearbeitet zu werden.

Zwischen drei- und vierhundert Glocken können hier im Jahr fertiggestellt werden, sagt Witold. Dazu reichen fünf oder sechs Angestellte, je nach Auftragslage. Maschinen gibt es nicht, alle Glocken werden traditionsgemäß nach der gleichen Technik gefertigt wie vor 200 Jahren. Es gibt drei Schichten bei jeder Glocke, die zweite heißt „Falsche Glocke“, weil sie nur dazu dient, einen Abdruck für die dritte Schicht zu liefern. Die Verzierungen werden aus einer Butterschicht spiegelverkehrt angefertigt, die sich später durch die Hitze auflöst. Nur der Klang wird mit einem elektronischen Gerät gemessen. Damit sich später niemand beschweren kann.

Dann erzählt mir Witold im Detail, in welchen Arbeitsschritten und nach welchen Regeln die Glocken gegossen werden. Schnell wird klar, dass hier zwar alles einfach aussieht, die Herstellung aber nach ziemlich komplizierten mathematischen Grundsätzen verläuft, wobei längst nicht jeder Versuch von Erfolg gekrönt ist. Manchmal passiert es schon, dass das Material springt und die Glocke weggeworfen werden muss, sagt Witold. Da reicht ein Riss im Material, eine Schwankung der Temperatur. Der Ofen am Ende des Raums ist ein einfacher Lehmkasten, vor dem sich eine Grube befindet. Wie hier so wunderschöne Glocken entstehen können, ist mir selbst nach einer einstündigen Einführung von Witold immer noch ein Rätsel.

Fast 90 Prozent der heute hier gefertigten Glocken gehen in den Osten, nach Russland oder in die Ukraine. Dort werden die meisten Kirchen gebaut, sagt Witold. Aber auch nach Papua Neuguinea oder auf die Philippinen gibt es Lieferungen, nach New York oder Warschau, aber natürlich auch nach Deutschland. Jede Glocke bekommt bei der Weihe einen Namen, häufig heißen sie Maria oder Josef, aber die Entscheidung liegt letzten Endes beim Kunden, wie er die Glocke nennt und was er mit ihr macht.

Was so eine Glocke kostet, möchte ich wissen, und bekomme eine erstaunlich einfache Antwort: 15 Euro das Kilo. Es kann aber trotzdem teuer werden, wenn die Glocke mehrere Tonnen wiegt. Auch eine der größten Glocken in Polen, die in der Kirche in Licheń aufgehängt wurde, stammt von dieser Firma. Für sie musste eigens die Wand im Raum unten ausgebrochen werden, um sie hier herstellen zu können. Sie wog über 10 Tonnen. Ob ich für 15 Euro eine Glocke kaufen könnte, die ein Kilo schwer sei, frage ich Witold, aber so einfach ist das dann doch wieder nicht. Ganz kleine Glocken kosten im Verhältnis grundsätzlich mehr als große.

Witold arbeitet schon über 30 Jahre in der Firma und dass er seine Arbeit liebt, sieht man ihm an, auch wenn sie schwer ist und nicht immer ungefährlich. Die Hitze, das schwere Material, man muss schon aufpassen, sagt er, aber bei welcher Arbeit muss man das nicht. Sein Telefon klingelt, und wir verabschieden uns. Im Hintergrund höre ich ihn in die englische Sprache wechseln und überlege, wo demnächst auf dieser Welt eine Glocke der Gießerei Felczyński ertönen wird.

In der Innenstadt von Przemyśl besuche ich noch das Museum für Glocken und Pfeifen, das in einem Turm untergebracht ist und auf verschiedenen Etagen die Geschichte dieser beiden Handwerkskünste anhand von ebenso ungewöhnlichen wie wertvollen Ausstellungsstücken präsentiert. Das Schönste an dem Museum scheint mir aber die Aussichtsplattform ganz oben zu sein. Von dort aus sieht man sie nämlich, die vielen Türme, in denen die Glocken auch in dieser Stadt ihrer Bestimmung zugeführt wurden. Und wie auf Bestellung legen sie los. Es ist zwölf Uhr, und während es von überall in unterschiedlichen Tonlagen und Geschwindigkeiten läutet, kehre ich in Gedanken zurück zu den halbfertigen Glocken bei Witold, die es wahrscheinlich kaum erwarten können, ebenfalls ihren Dienst antreten zu dürfen.

Festung Przemyśl – Gras über Kanonen

Das nasse Gras reicht mir bis zu den Knien, und vor jedem Schritt durch den Wildwuchs muss ich mich versichern, dass ich festen Boden unter den Füßen habe. Nicht umsonst mahnt eine Informationsbroschüre die Besucher zu besonderer Vorsicht beim Gang über die Wälle und Dächer des fast völlig zugewachsenen Forts Łętownia. Das Areal besteht aus Hügeln, Gräben und Wällen, in deren Mitte sich die gemauerte Kaserne befindet. Es braucht dabei ein wenig Phantasie, um sich unter der Decke aus Gras und Büschen die fünfeckige Konstruktion der einstigen Wehranlage vorstellen zu können. Doch das Ausmaß der Anlage macht deutlich, welcher Anstrengung es wohl bedurft hätte, sie im Kampf einzunehmen.

Das Fort Łętownia liegt wenige Kilometer westlich der Stadt Przemyśl und gehört zu einer der größten Festungsanlagen in Europa zur Zeit des Ersten Weltkriegs. Schon früh hatten die Österreicher die strategische Bedeutung der Stadt erkannt, die am Kreuzungspunkt zentraler Handelswege lag. Ihr kam deshalb nicht nur eine militärische, sondern auch eine wirtschaftliche Schlüsselfunktion zu. Mitte des 19. Jahrhunderts hatte man damit begonnen, sie zu ihrem Schutz mit einem 45 Kilometer langen Festungsgürtel zu umgeben, der sich aus mehreren Dutzend Forts, die durch Wälle verbunden waren, zusammensetzte. Zunächst entstanden Schanzen aus Holz und Stein, später wurden sie zu betonierten Artillerieforts umgebaut, die von einem oder zwei Wällen umgeben waren und selbst Panzerbeschuss standhalten sollten. Das in den Jahren 1881 bis 1882 umgebaute Fort Łętownia war das erste, für welches Beton verwendet wurde. Als die russischen Truppen im September 1914 vor der Stadt standen, kam es, von kurzen Unterbrechungen abgesehen, zu einer 194 Tage andauernden Belagerungsschlacht, die in allen Zeitungen Europas Widerhall fand. Erst im März 1915, nach mehreren Gegenoffensiven und Ausbruchversuchen, stimmte der österreichische Festungskommandant Hermann Kusmanek einer Kapitulation zu, freilich nicht, ohne die einzelnen Festungsanlagen sowie Brücken, Geschütze und Ausrüstung vorher zu sprengen. Fast 120.000 Soldaten gerieten in russische Gefangenschaft, darunter mehr als 2.000 Offiziere und 9 Generäle.

Im Gegensatz zu vielen anderen Forts des Schutzgürtels, deren Überreste noch heute zu besichtigen sind, blieb das Fort XIII in Łętownia relativ gut erhalten und wurde an einigen Stellen sogar restauriert. In einem der Räume in den Kasematten stoße ich auf ein kleines Museum, das der Geschichte der Festung Przemyśl gewidmet ist und viele militärische Utensilien aus der Belagerungszeit sowie Gegenstände aus der Zeit des Festungsbaus zur Schau stellt. Auf einer Karte finde ich alle Forts der Festungsanlage verzeichnet, die mit ihrem äußeren und inneren Gürtel eindrucksvoll zum Ausdruck bringt, welches Ausmaß die Kämpfe zwischen russischen und österreichischen Truppen gehabt haben müssen und warum die Belagerung als die größte des Ersten Weltkriegs in die Geschichte eingegangen ist.

Wieder draußen im Labyrinth der Hügel und Gänge setze ich mich ins Gras und versuche, mir das Geschehen von damals im Geiste vorzustellen. 200 Soldaten und 5 Offiziere waren zur Verteidigung allein dieses Forts abgestellt, die ich in Unterstände setze, mit schweren Waffen durch die Gräben laufen oder auf dem Hof vor der Kaserne die Verletzten versorgen lasse. Durch die Luft peitscht ohrenbetäubender Kanonenlärm und das Rattern von Maschinengewehrsalven, zwischen denen sich die kurzen Anweisungen der Befehlshaber geradezu leise ausnehmen. Doch die Vorstellung misslingt mangels Erfahrung, um die ich niemanden beneide. Die Niederlage in der Schlacht von Przemyśl wurde zum Trauma von Generationen, das sich bis zum heutigen Tag in vielen Familien der Stadt tradiert hat. Die sichtbaren Spuren im Festungsring um die Stadt können dabei nur als Kulisse dienen für die Erinnerung. Das Geschehen selbst ist nicht vorstellbar.

Das Ende der Belagerung bedeutete jedoch keineswegs das Ende der Geschichte des Forts hier in Łętownia. Aufgrund seiner relativ geringen Zerstörung fand es in der Zwischenkriegszeit als Munitionslager Verwendung. Nach dem Einmarsch der Nationalsozialisten wurden in ihm deutsche Truppen stationiert und der Ort zugleich zu einem Exekutionsort für Polen und Juden umfunktioniert. Ein kleiner Obelisk erinnert heute an diese Ereignisse. Während des Kommunismus diente das Fort dann als Weinlager, bevor es nach der Wende renoviert wurde und nun angeblich zu einem Hotel ausgebaut werden soll. „Die Besucher sollen sich während ihres Aufenthalts mit den Schwierigkeiten des Kasernenlebens vertraut machen können", heißt es in dem Prospekt. Ein allzu zweideutiges Versprechen, wie ich finde. Die Vorstellung, hier in einer der Kasematten übernachten zu müssen, lässt mich aufbrechen. Ein Hotel mit dieser Geschichte verheißt keine erfreulichen Träume.

Gedenken und seine Form. Das Vernichtungslager Bełżec

Man hatte mich gewarnt. Wer die Gedenkstätte in Auschwitz besucht habe, bräuchte hier nicht mehr herzukommen, denn im Gegensatz zu Auschwitz wurden die Lager in Sobibór, Treblinka und Bełżec noch von den Nationalsozialisten dem Erdboden gleichgemacht. Nichts mehr ist hier erhalten geblieben. Selbst die Leichen wurden in Bełżec im Frühjahr 1943 systematisch noch einmal ausgegraben, auf aus Bahnschwellen konstruierten Scheiterhaufen verbrannt und von speziellen Maschinen zermalmt. Von den 500.000 Juden, die hier zwischen Februar und Dezember 1942 ermordet wurden, sollten keine Spuren bleiben. Weder vom Lager noch von den Toten. Gras sollte über das Grauen wachsen und das Verbrechen rückwirkend ungeschehen machen. Doch die Rechnung der Nationalsozialisten ging nicht auf. Zwar wuchs das Gras, und das Gelände lag tatsächlich viele Jahre nach dem Krieg brach. Doch der dortige Massenmord an den Juden war keineswegs in Vergessenheit geraten. Allein es blieb die Frage, welche Form dem Andenken gerecht würde.

Seit dem Jahr 2004 erinnert in Bełżec ein gewaltiges Monument an das Verbrechen von damals. Ein Mahnmal, von dem nicht wenige Besucher sagen, dass es das Erinnern erschlägt, weil es die Form der Erinnerung vorgibt. In Treblinka dominieren Steine und Beton, die den Massenmord nur andeuten, in Sobibór ist der Besucher selbst aufgefordert, den Weg in die Vergangenheit durch Innehalten zu rekonstruieren. In Bełżec ist der Weg der Erinnerung dagegen vom Monument vorgezeichnet. Es liegt am Besucher selbst, sich darauf einzulassen oder umzukehren.

Ungefähr vierzig Kilometer südlich der Stadt Zamość, fast unmittelbar an der ukrainischen Grenze, stehe ich dieser Gedenkstätte plötzlich unerwartet gegenüber. Sie kündigt sich nicht an, bereitet den Besucher nicht vor. Wer hierher kommt, weiß, warum er den langen Weg auf sich genommen hat. Ihr Anblick lässt mich plötzlich stocken. Hier *muss* etwas Grauenvolles geschehen sein. Ein mehrere Fußballfelder großes Areal, das nach hinten leicht ansteigt, ist über und über mit mal helleren, mal dunkleren Steinen bedeckt. In der Mitte schneidet ein gepflasterter, 150 Meter langer Weg das Mahnmal in zwei Hälften, wobei der Weg sich der Steigung des Areals nicht anpasst. Je weiter ich ihn gehe, umso höher erheben sich links und rechts über mir die Wände. Früher nannte man diesen Weg den „Schlauch“. Getarnt und mit Stacheldraht gesichert, führte er die Juden direkt in die am Ende gelegenen Gaskammern.

Mit dem Bau dieses Lagers in Bełżec wurde im November 1941 begonnen. Es war Teil der so genannten *Aktion Reinhard*, die die Ermordung der gesamten jüdischen Bevölkerung des Generalgouvernements zum Ziel hatte. Im Gegensatz zu den meisten anderen Vernichtungslagern wurde es in unmittelbarer Nähe eines Dorfes errichtet, da an ihm die zentrale Bahnlinie zwischen Lublin und Lemberg vorbeiführte. Die Einwohner des Dorfes mussten beim Aufbau helfen, die Wachmannschaften beherbergen und bewirten. Die Frauen wuschen die Uniformen, der Bäcker lieferte das Brot direkt ins Lager. Der Tod nebenan gehörte zum Alltag. Und niemand wäre später auf die Idee gekommen zu sagen, er hätte nichts gewusst. Aber was hätte man tun können. Auf Hilfe jeder Art stand der Tod.

Der Gang scheint mir unendlich lang. Oder gehe ich nur so langsam? Es stimmt, was die Leute sagen. Das Monument gibt den Weg der Erinnerung vor. Doch der Weg ist erschreckend eindrucksvoll, zwingt den Besucher zur Rekonstruktion. Das Innehalten ergibt sich von selbst. Und so wie die zum Tode Verurteilten damals stehe auch ich irgendwann vor der Wand am Ende des Ganges, die scheinbar keinen Ausweg bietet. In diesem Lager wurden zum ersten Mal fest installierte Gaskammern ausprobiert. Vermutlich ließen die Motoren sowjetischer T34-Panzer das Gas durch Duschkopfimitate einströmen, wobei besondere Filter den Geruch neutralisierten. 20 Minuten dauerte es bis zum Erstickungstod. Menschen wurden Masse für Massengräber, auf denen heute die Steine ruhen als jüdisches Symbol der Erinnerung und des Gedenkens. *Erde, bedecke mein Blut nicht, lass mein Schreien keine Ruhestatt finden.* Diesen Spruch aus dem Buch Hiob finde ich am Ende des Ganges an die Wand geschrieben. Als ich mich umdrehe, blicke ich auf die in Stein gemeißelten Vornamen der hier Ermordeten. Von A wie Anna bis Z wie Zygmunt. Die Nachnamen sind gestorben.

Links und rechts der Wand führen mich zwei steile Treppen zum oberen Teil des Feldes zurück, um das herum ich langsam zum Eingang laufe. Auf der hellen Umrandung aus Beton sind, nach dem Monat der Deportation geordnet, in rostigen Metallbuchstaben alle Ortsnamen geschrieben, aus denen die Juden aus Polen, aber auch aus anderen Ländern hergebracht wurden. Lublin, Krakau, Lemberg sowie fast alle Orte der näheren Umgebung finde ich dort, aber auch Berlin und Wuppertal.

Vorbei an einem großen Haufen gestapelter Bahnschwellen, der an die Exhumierung der Toten und deren physische Vernichtung im Frühjahr 1943 erinnern soll, erreiche ich wieder den Eingang der Gedenkstätte, der noch ein kleines Museum angeschlossen ist. Ich stehe in Gedanken versunken und blicke wieder in den Gang, der sich vor mir in die Tiefe des Monumentes erstreckt. Ich habe Auschwitz besucht. Und empfinde doch Dankbarkeit gegenüber dem Schöpfer dieses Denkmals hier, das mich an der Hand genommen hat, um mir eine alternative Form des Erinnerns vorzugeben. Nicht aus freien Stücken, sondern aus der Not heraus, die Geschichte aus dem Nichts wieder hervorholen zu müssen.

Eine Stadt mit Hand und Fuß

Die Stadt Zamość gehört zweifellos zu den architektonischen Perlen Polens. Davon zeugen schon die vielen Touristenbusse vor meinem Hotel. Das Renaissancerathaus auf dem Marktplatz zählt zu den schönsten des Landes und zu den meistfotografierten Gebäuden der Republik. Der Eintrag der Stadt in die Weltkulturerbeliste der UNESCO war nur logische Konsequenz.

Doch die eigentliche Besonderheit der Stadt ist eine andere. Gegen Ende des 16. Jahrhunderts wurde Zamość als eine Art Kopfgeburt des damaligen Großkanzlers Jan Zamoyski auf dem Reißbrett entworfen und von dem italienischen Architekten Bernado Morando auf freiem Feld erbaut. Aus dem Nichts sozusagen. Zamoyski, ein typischer Renaissancemensch und zugleich einer der reichsten Polen seiner Zeit, wollte die ideale Stadt schaffen. Eine Stadt, die genauso funktioniert wie der menschliche Organismus, die praktisch ist in ihrer Anlage, aber zugleich schön in ihrer Ästhetik. Sie sollte Sitz seines Adelsgeschlechts werden und zugleich ein Zentrum für Kultur und Wissenschaften, für Religion und Handel und natürlich eine militärische Bastion. Zur Realisierung seines Zieles warb er Fachkräfte aus verschiedenen Ländern an, vor allem Armenier, Griechen, Italiener, aber auch Juden und natürlich Deutsche. Zamość wurde dadurch zu einem Musterbeispiel multikulturellen Lebens in Polen. Das Interessante an Zamoyskis Idee war, dass er die Stadt tatsächlich wie einen menschlichen Körper angelegt hat. Sie lädt quasi dazu ein, von Kopf bis Fuß inspiziert zu werden. Und so wird jeder Schritt meines Spaziergangs zur imaginären Reise durch den Körper der Stadt.

Mit 600 Meter Länge und 400 Meter Breite ist die Stadt ein kleiner Moppel, doch die Figur gereicht ihr nicht zum Nachteil. Die Ausgestaltung des Kopfes überrascht mich hingegen wenig. Klar, dass hier das Schloss des Gründers seinen Platz findet, heute sogar mit einem Denkmal davor, das Jan Zamoyski hoch zu Pferde zeigt. Allerdings scheint die Stadt im Köpfchen schon ziemlich wirr zu sein, um nicht zu sagen: vergreist. Vom einstigen Reichtum ist hier nicht mehr viel zu erkennen, im Gegenteil, das Schloss ähnelt vielmehr einem ziemlich ärmlichen Verwaltungsbau, von dem der graubraune Putz blättert und der anscheinend kurz vor dem Zusammenfall steht. Es verwundert nicht, dass heute dort tatsächlich Behörden tätig sind, die auf die dringend notwendige Sanierung des Gebäudes warten.

Die Grodzkastraße bildet die Wirbelsäule der Stadt und führt mich ins Zentrum. Zu meiner Rechten passiere ich den Dom, das Herz der Stadt, in dem sich auch die Zamoyski-Kapelle mit dem Grabmal Jan Zamoyskis befindet, der hier im Jahr 1605 seine letzte Ruhe gefunden hat. Links der Wirbelsäule stoße ich mit der Akademie der Wissenschaften auf die Lunge von Zamość, einen Ort, der dem Stadtgründer besonders am Herzen lag. „Solche werden die Staaten sein, wie ihrer Jugend Erziehung“, soll sein Leitspruch gewesen sein. Darum hat er eine Hochschule für den Adelsnachwuchs gegründet, der hier den Geist der Wissenschaften einatmen, besser gesagt einpauken sollte. Aber ähnlich wie das Schloss wurde auch die Akademie degradiert – heute befindet sich in ihr ein Gymnasium.

Dann, endlich, der Dreh- und Angelpunkt des Menschen: der Marktplatz als Magen und Mittelpunkt der Schöpfung. Hier trifft sich alles, was durch die Straßen dieser Mensch gewordenen Stadt zirkuliert. In den Cafés und Restaurants tanken die müden Blutkörperchen ein Bierchen, diskutiert der Geist seine neuesten Theorien. Und wem der genau 100 mal 100 Meter große Marktplatz zu groß ist, der weicht einfach auf die sich links und rechts davon befindlichen Nebenmärkte aus. Dabei ist es nur konsequent, dass diese ausgerechnet Salz- und Wassermarkt heißen.

Das Flair des Hauptplatzes, den Häuser mit kunstvollen Attiken umgeben, ist unverkennbar italienisch. So, wie es sich Zamoyski für das gesamte Stadtkonzept damals sogar in dem Vertrag mit dem Architekten hatte festschreiben lassen. Italienisch musste die Stadt sein. Unbedingt. Und selbst bei Regen lässt sie demzufolge niemanden im Stich, denn durch die typisch italienischen Säulengänge unter den Häusern vermag der Besucher fast durch die ganze Stadt zu wandeln, ohne nass zu werden. Renaissance durch und durch also. In einem dieser Gänge stoße ich auf das Geburtshaus von Rosa Luxemburg, die hier vermutlich am 5. März 1870 als Tochter eines assimilierten jüdischen Kaufmanns zur Welt kam. Eigentlich hieß ihre Familie Luxenburg, doch ein Schreibfehler der Behörden führte zur Namensänderung, die Rosa Luxemburg dann beibehielt. Damals gehörte Zamość noch zum russischen Teilungsgebiet, ebenso wie Warschau, wo die Familie später hinzog und die junge Rosa zur Schule ging.

Die Hände und Füße der Stadt präsentieren sich in ausladenden Festungsbauten, die so durchdacht konstruiert sind, dass Zamość neben Tschenstochau die einzige Stadt Polens blieb, die im 17. Jahrhundert der schwedischen Belagerung standhalten konnte. Eine Stadt, die sich im wahrsten Sinne des Wortes mit Händen und Füßen gewehrt hat. Nur der russischen und deutschen Front im Zweiten Weltkrieg hatte auch sie nichts entgegenzusetzen, als die ganze Region Schauplatz nationalistischer Kriegsgräuel wurde und Hitler einen Gegenentwurf zu Zamoyski startete, um sie in seinem Sinne neu zu gestalten. Kurzerhand nannte er Zamość in „Himmlerstadt“ um und beschloss, alle Menschen der Region auszusiedeln, um das Gebiet als Bollwerk des Dritten Reiches für deutsche Familien freizumachen. Ein Unterfangen, das nicht zuletzt aufgrund des starken Widerstands der Bevölkerung in seinen Ansätzen stecken blieb.

Abgesehen von diesem dunklen Kapitel in seiner Geschichte kann Zamość tatsächlich als die Realisierung eines genialen Traums betrachtet werden. In der Theorie wie in der Praxis. Nur die Zeiten haben sich geändert, und vor allem die von Zamoyski so angestrebte Förderung der Jugend hat sich ins Gegenteil verkehrt. Viele, besonders junge Menschen zieht es heute in die Ferne, sie suchen ihr Glück und ihre Chance im Ausland, weil sie in Zamość selbst keine Perspektive mehr sehen. Im Arbeitsamt der Stadt finde ich Stellenanzeigen aus aller Herren Länder. Norwegen sucht einen Koch, Frankreich einen Animateur für Disneyland, Holland eine Hostess. Die Löhne sind vergleichsweise hoch, die Einstellungsbedingungen häufig marginal. Zamoyski wäre wahrscheinlich enttäuscht, wenn er wüsste, dass seine „ideale Stadt" dem modernen Zeitgeist nicht mehr entspricht.

Ich mache mich ein letztes Mal auf in Richtung Magen, um meinen eigenen zu füllen. Vom Rathaus her erreicht mich ein Trompetensignal des Turmbläsers, der diesen „Hejnał" der Stadt in drei Richtungen bläst. Die vierte spart er aus, denn angeblich mochte Zamoyski Krakau nicht besonders.

Patriotismus heißt nicht, eine Menge Messen fürs Vaterland zu halten, sondern als Bauer eine starke Landwirtschaft für das Land aufzubauen.

Wiesław Gryn

Zamość

Jede Scholle zählt. Ein polnischer Dagobert Duck als Großgrundbesitzer

Sein deutscher Name sei hier nichts Besonderes, erklärt mir Wiesław Gryn. Wiesław ist Großgrundbesitzer und zugleich Präsident des Zamośćer Bauernverbandes. Sein Nachbar heiße zum Beispiel Bernard. Die Vorfahren von Wiesław kamen 1785 aus den deutsch-französischen Grenzgebieten hierher, weil der Großkanzler Jan Zamoyski und seine Nachkommen einst Bauern und Handwerker aus aller Herren Länder angeworben hatten, um die Region wirtschaftlich aufzubauen. Durch besondere Privilegien, beispielsweise die Bereitstellung ganzer Bauernhöfe mit Wohnungen und Grundbesitz, fanden auch viele Deutsche den Weg hierher, die auf der Suche nach besseren Lebensbedingungen waren.

Die Familie von Wiesław war Jahrhunderte lang als Bauern tätig, mal mit mehr, mal mit weniger Vermögen. Wiesław selbst fing 1988 mit fünf Hektar an. Nun besitzt er wenige Kilometer östlich von Zamość das Hundertfache und zählt mit seinen Weizen- und Rapsfeldern zu den größten Grundbesitzern der Region. Wie er das gemacht habe, frage ich ihn. Und er lacht verschmitzt. Der Konkurrenzdruck aus der EU hat zu einer landwirtschaftlichen Revolution in Polen geführt. Die vielen kleinen Bauern hatten keine Chance mehr, mussten ihren Betrieb an größere verkaufen. Wiesław gehörte zu den großen. Die letzten Jahre waren ein einziger Wettlauf mit der Zeit. Die wenigen großen kämpften um die vielen kleinen. Immer galt es, der Erste beim Handeln zu sein, den besten Preis zu machen. Jedes noch so kleine Fleckchen war umkämpft. Mittlerweile sind die meisten Gebiete abgesteckt und es wird immer schwieriger, guten Grund noch günstig zu bekommen. Dabei betont Wiesław, dass er versucht, die Geschäfte immer so abzuwickeln, dass die Verkäufer sich durch den Verkauf eine neue Existenz aufbauen können. Und bei ihm klingt das ehrlich. Überhaupt ist Wiesław ein faszinierender Typ, der sich, obwohl um die 50, irgendwie seinen kindlichen Humor noch bewahrt hat. Als ich ihn frage, wie es heute mit der Konkurrenzsituation in der EU aussieht, winkt er ab. Nach Europa schaut er gar nicht so sehr. Vielmehr nach Chicago, an die Börse. Dann erzählt er mir einen Witz: „Früher beteten die amerikanischen Bauern, dass der Kommunismus nicht zusammenbricht, heute beten die polnischen Bauern, dass sich die Ukraine nicht modernisiert." Die Gefahr für die polnischen Bauern droht also nicht aus dem Westen, sondern aus dem Osten. Die EU-Bauern fürchtet er nicht mehr, im Gegenteil. Sie fürchten ihn. Denn obwohl die polnischen Bauern wesentlich weniger Subventionen erhalten als vergleichbare Konkurrenten im Westen, haben es viele von ihnen geschafft, dagegenzuhalten. In der Region um Zamość haben sie sich in einem Verband zusammengeschlossen, damit gemeinsame Investitionen getätigt werden können und viele Anschaffungen billiger werden. Wer hier überleben will, muss findig sein, sagt Wiesław.

Der Hof von Wiesław ist beeindruckend. Zwei riesige Getreidesilos bilden den Mittelpunkt des Anwesens, auf dem zahlreiche hochmoderne Mähdrescher, Traktoren und andere Fuhrwerke stehen. Der Betrieb gehört zu den modernsten des Landes, mit eigenem GPS-System, einer Wetterstation und Feuchtigkeitsmessern. Nur Angestellte sehe ich keine, und die Erklärung ist einfach. Im Prinzip macht Wiesław die meiste Arbeit allein. Säen, mähen, ernten. Außer dem Sohn unterstützen ihn noch zwei Arbeiter, die Tochter hilft in der Verwaltung. Ob ich seine Felder mal sehen möchte, fragt er mich, und wenige Minuten später rasen wir mit einem Nissan Petrol querfeldein durch die Landschaft. So hatte ich mir den Osten Polens immer vorgestellt. Die Farben der Felder flimmern im untergehenden Licht der Sonne, ab und zu schrecken wir Fasane auf, zweimal einen Storch. Manchmal sieht man hier auch Elche, sagt Wiesław, doch ich halte vergeblich Ausschau. Bei der Geschwindigkeit, mit der Wiesław durch die Felder rast, wäre es ohnehin schwierig, einen Elch von einer Kuh zu unterscheiden. Und während ich versuche, jede Übelkeit im Ansatz zu unterdrücken, hält Wiesław mit einer Hand das Steuer, mit der anderen deutet er mal hier mal dort in die Landschaft. Meins! Meins! Dort, der Hügel, im nächsten Jahr kaufe ich ihn! Nur einmal tritt Wiesław auf die Bremse, um mir zu erklären, dass hinter einer der Anhöhen das Dorf Skierbieszów liegt, aus dem die Familie des ehemaligen deutschen Bundespräsidenten Horst Köhler stammt. Aber die Anhöhe gehört ihm nicht, und so rasen wir in anderer Richtung weiter. Wiesławs Grundbesitz von 500 Hektar verteilt sich auf über 100 Parzellen, hängt also nicht zusammen. Als ich ihn frage, wie er sich die ganzen Parzellen merkt, schaut er geradezu empört. So was merkt man sich nicht. So was weiß man.

Ein bisschen erinnert er mich an eine ostpolnische Variante von Dagobert Duck, der seinen Boden so liebt wie jener seine Taler. Aber der Stolz von Wiesław ist begründet und seine Leistung verdient Anerkennung. Sein Betrieb ist einer von jenen in Ostpolen, die im Gegensatz zu vielen anderen zu den Leuchttürmen der Region zählen und keineswegs dem Bild entsprechen, das man sonst von Ostpolen hat. Das ist auch gut so, sagt Wiesław. Und ich solle bloß nicht darüber schreiben, was es für tolle Betriebe hier gibt. Sagt er und lacht. Schließlich arbeitet es sich im Verborgenen am besten.

Nach über einer Stunde steige ich völlig durchgerüttelt und durchgeschüttelt wieder aus dem Auto. Eine von Rapsstaub gelb gefärbte Katze läuft uns entgegen und reibt, während wir uns verabschieden, ihr

Fell an Wiesławs Hose. Diesen Menschen muss man einfach mögen, auch wenn ich froh bin, meinen Garten nicht in seiner Nähe zu haben. Und noch während ich ins Auto steige, erhebt sich hinter mir plötzlich ein bedrohliches Motorengeräusch. Im Rückspiegel sehe ich Wiesław winken, hoch oben auf seinem über 500 PS starken Mähdrescher sitzend, ein breites Grinsen im Gesicht.

Polnische Sprache schwere Sprache? Wenn Zungenbrecher stumm machen

Wenige Kilometer westlich von Zamość durchfahre ich einen Ort, dessen Name in Polen jeder kennt, obwohl ihn kaum jemand besucht hat. Es gibt solche Orte. Zum Beispiel Zawichost, wo eine Messstation für den Wasserstand der Weichsel steht, die jeden Tag in den Nachrichten vorkommt. Oder eben Szczebrzeszyn, ein Name, der Bestandteil des bekanntesten polnischen Zungebrechers ist, der da lautet: „W Szczebrzeszynie chrząszcz brzmi w trzcinie“, was in etwa bedeutet: „In Szczebrzeszyn brummt der Käfer im Schilfrohr.“ Wie bei so vielen Zungenbrechern geht es allerdings weniger um den Inhalt als um den Ehrgeiz, den Satz möglichst schnell und korrekt auszusprechen. Wenn ein Pole einen Deutschen in seinem Vorurteil bestätigen möchte, wie schwer die polnische Sprache ist, dann reicht die lässige Vorführung dieses für die meisten Deutschen unaussprechlichen Konsonantenmonsters und ehrfurchtsvolles Nicken ist die Folge. Schließlich hat man es ja schon immer gewusst: Polnisch ist eine ungewöhnlich schwere Sprache, die man gar nicht anfangen sollte zu lernen, weil man ja ohnehin nicht weit kommt. Aber auch die Polen kokettieren mit diesem Zungenbrecher, hegen und pflegen ihn wie ein kleines Stück nationales Kulturgut. Doch selbst als Pole braucht man ein wenig Übung, Zunge und Spucke bei diesem Kunststück in die richtigen Bahnen zu lenken.

Es liegt also nahe, dass der Ort Szczebrzeszyn aus seiner linguistischen Bekanntheit touristischen Nutzen zu ziehen versucht. Und so passiere ich bei meiner Durchfahrt das Unvermeidliche: In einem mit Schilf begrünten Graben mit Wasser direkt neben der Straße fiedelt mir ein mannshoher, kunstvoll aus Holz geschnitzter Käfer entgegen, der eigentlich mehr einer Grille ähnelt. Die Geige klassisch angelegt, in

Frack und Zylinder, steht er auf einem steinernen Sockel und verkörpert den Gipfel der phonetischen Komplexität des Polnischen. Allerdings ist es für mich gar nicht so einfach, ein halbwegs künstlerisches Foto von diesem Käfer zu machen. Das Problem besteht darin, dass sich bereits eine ganze Schulklasse um das „Denkmal“ geschart hat, um im Chor den Zungenbrecher einzuüben. Die Stimmung schwankt dabei zwischen lustigem Gejohle und bemühter Konzentration, wobei Letztere meinem Eindruck nach Ersterem eindeutig unterliegt. Schließlich lässt sich jeder Schüler einzeln mit dem Käfer fotografieren, während eine zweite und dritte Schulklasse bereits am Straßenrand warten, mit dem Ziel, ebenfalls zu dem Käfer in den Graben hinabsteigen zu dürfen. Es würde mich nicht wundern, wenn diese Attraktion weniger von der Stadt als vom polnischen Kultusministerium gesponsert würde bei so viel Lerneifer der Jugend. Bei meiner Rückfahrt passiere ich im Ort noch die Buchhandlung „chrząszcz“, also „Käfer“, und frage mich, ob sich alle Worte des Zungenbrechers in einer Art Stationenspiel im Dorf ablaufen ließen. Mit vier Stempeln im Touristenpass würde man danach im Café „Zum Schilfrohr“ ein Freigetränk erhalten. Ich merke mir vor, diese Anregung auf jeden Fall mal dem örtlichen Tourismusbüro zu schreiben.

Auf der Straße von Lubartów nach Lublin durchfahre ich den Ort „Niemce“. Niemcy bedeutet im Polnischen „die Deutschen“, hieß ursprünglich aber auch „die Stummen“. Angeblich wurden nach der Schlacht von Tannenberg im Jahr 1410 deutsche Gefangene an diesem Ort neu angesiedelt. Schon früher hatte man den Deutschen den Namen „Stumme“ gegeben, da sie sich ja mit den slawischen Bewohnern aus sprachlich nachvollziehbaren Gründen nicht unterhalten konnten. So lautet zumindest die Legende. Ich überlege, ob die Gefangenen damals vielleicht durch Szczebrzeszyn marschieren mussten und daraufhin jeden Konversationsversuch kopfschüttelnd eingestellt haben. Wie dem auch sei. Als etwas weiter südlich auch noch die Ortschaft „Elżbieta“

folgt, erwäge ich für einen Moment, das Experiment zu wagen, die polnische Geschichte durch eine logische Verknüpfung der Ortsnamen zu rekonstruieren. Oder besser gesagt: neu zu schreiben. Das Ergebnis wäre auf jeden Fall unterhaltsamer als die Wahrheit. Der Ort Elżbieta wäre ein gutes Gegenbeispiel dafür, dass die polnische Sprache doch nicht so schwer ist, wie man es sich gerne einreden möchte. Vielleicht reicht es ja aus, sich in eine polnische Elżbieta zu verlieben, und Szczebrzeszyn ginge einem zunächst stummen Deutschen dann geradezu zärtlich über die Lippen …

Die letzte Ruhestätte des sozialistischen Realismus

Eben noch stand ich in einem prächtigen Park, in dessen Mitte sich das Schloss in Kozłówka befindet. Das Schloss, wenige Kilometer nördlich von Lublin gelegen, ist ein Schmuckstück polnischer Architektur, gehörte einst der Familie Zamoyski und zählt heute zu den am besten erhaltenen aristokratischen Residenzen Polens. Wer eine Führung bucht, kann im Innern des Schlosses eine Zeitreise antreten und sich, ähnlich wie in Łańcut, durch prunkvolle Räume in den Adelsalltag vergangener Jahrhunderte zurückversetzen lassen. Wer sie nicht bucht, muss draußen bleiben, kann durch den Park spazieren und die Pfauen füttern, oder, wie ich, einen alten Wagenschuppen ansteuern, in dem sich heute die Galerie der Kunst des sozialistischen Realismus befindet.

Der Gegensatz könnte größer nicht sein. Der Eintritt in die Galerie gleicht einem historischen Wetterumschwung. Der Garten, das Schloss, die Schreie der Pfauen gehen unter in den marschähnlichen Chorgesängen sozialistischer Propagandamusik. Vor mir öffnet sich ein einziger Raum, der voll gestellt ist mit Plakatsäulen und Skulpturen von Lenin, Stalin, Bierut, Castro und Mao Tse Tung und an dessen Wänden sich ein sozialistisches Kunstwerk an das andere reiht. Ich muss erst mal stehen bleiben, Pause machen, meinen Kopf umprogrammieren vom Prunk des Adels draußen hin zur postulierten Kunstform des totalitären Systems Stalins nach dem Zweiten Weltkrieg.

Die Epoche des sozialistischen Realismus dauerte in Polen kürzer als in den meisten anderen sozialistischen Staaten. Der Großteil der Werke wurde in den Jahren zwischen 1950 und 1953 geschaffen, dann, nach Stalins Tod, folgten schon bald Lockerungen der Doktrin, das Tauwetter machte sich auch im Bereich der Kunst bemerkbar. Im Jahr 1960 hat das polnische Kulturministerium eine große Anzahl der

Arbeiten dieses Zeitraums dem Zentralen Museumslager in Kozłówka übergeben, wo sie bis heute zu sehen sind und das Andenken dieser auch den Polen auferlegten Epoche pflegen. Mit über 1.000 Kunstwerken ist es das größte Museum seiner Art im Land.

Wer eigentlich hierher kommt, frage ich die Frau an der Kasse. Die Antwort ist zunächst kurz und einfach. Alle. Nostalgiker, Neugierige, Kunstwissenschaftler, Leute, die die Führung im Schloss verpasst haben. Aber dann macht sie nach kurzer Pause doch noch eine Einschränkung. Die meisten Besucher seien schon etwas älter, hätten die Zeit damals noch miterlebt, als Kinder oder Jugendliche. Viele ergreife eine eigenartige Sehnsucht nach dieser Kunstform, die einerseits ihr Leben einmal geprägt habe, andererseits unweigerlich verbunden war mit einem totalitären System, das sich keiner mehr zurückwünsche.

Andrej Ždanov, ein enger Mitarbeiter Stalins und Kulturfunktionär, hatte in seiner Rede auf dem ersten Kongress der Sowjetschriftsteller im August 1934 die künstlerische Marschroute des sozialistischen Realismus vorgegeben. Die wahrheitsgetreue und historisch konkrete künstlerische Darstellung sollte „mit der Aufgabe verbunden werden, die werktätigen Menschen im Geiste des Sozialismus ideologisch umzuformen und zu erziehen“. Die vielen Gesichter auf den Bildern, die mich von den Wänden anblicken, zeigen, wie auch in Polen zahlreiche Künstler diesem Aufruf mal mehr, mal weniger freiwillig folgten: Bäuerinnen, die lachend die Tröge der Schweine füllen, Arbeiter, die fröhlich auf Ziegel einhämmern, Frauenkolonnen, die ihre Sensen beinahe tanzend übers Feld tragen. Der Name des Künstlers unter einem der Bilder macht mich stutzig. Das Bild heißt „Ein Treffen. Lektion in Anatomie“ und zeigt eine Gruppe von Studentinnen und Studenten, die von einem Arzt vor einem toten Körper belehrt werden. Die Maler dieses Bildes aus dem Jahr 1950 sind Konrad Nałęcki und Andrzej Wajda. Nur gut, dass sich Letzterer schließlich doch entschlossen hat, seine Malerkarriere dem Filmemachen zu opfern.

Wie hoch die schulische Ausbildung der Kinder in dieser Zeit geschätzt wurde, verdeutlicht der Brief eines kleinen Mädchens, das am 28. März 1952 an den damaligen polnischen Präsidenten schrieb und den ich in einer Vitrine finde. Darin heißt es:

Lieber Präsident! Es nähert sich der Tag Deines Geburtstags. Schon 60 Jahre arbeitest Du daran, die Situation der niederen Arbeiterklasse und der Jugend, zu der auch ich gehöre, zu verbessern. Sie können sich nicht vorstellen, Herr Präsident, wie viel ich Ihnen verdanke. Das Wichtigste ist, dass ich heute gut angezogen und satt in meiner Schulbank sitzen kann, um Wissen zu erwerben, während ich in kapitalistischen Zeiten schwer arbeiten müsste.

So geht's also auch und ich beginne, die Nostalgie manch eines der Besucher hier allmählich zu verstehen.

Die Musik in Kombination mit den Bildern und den mit Plakaten beklebten Säulen, auf denen überall glücklich aussehende Menschen bei schwerer Arbeit oder in Begeisterung ausstrahlenden Posen dargestellt sind, versetzen mich in eine Stimmung, die zwischen Kunst und künstlich keinen Unterschied mehr macht. Die Magie dieser Art von theoretisch festgezurrter Kreativität mag ihre Reize haben, doch es verwundert nicht, dass der kleine Katalog zur Ausstellung diese den Polen aufgezwungene sowjetische Kunstform in wenig positivem Licht erscheinen lässt. „Eine Kunst, die mit Hilfe von Agitation und Propaganda auf die Vernichtung der Tradition nationaler Kulturen ausgerichtet gewesen ist", heißt es dort. Der Leser wird verabschiedet mit dem Satz: „Während das Schloss in Kozłówka ein Beispiel des geschützten kulturellen Erbes Europas ist, bildet die Galerie eine Warnung vor einer der größten Gefahren für dieses Erbe."

Obwohl mir der Text ein wenig zu pathetisch erscheint, steht es mir nicht zu, über die Gefahren dieser Kunstrichtung zu urteilen. Aus unpolitischer Distanz betrachtet, haben auch diese Bilder ihren ästhetischen Charme, und dieser erklärt vielleicht auch die Popularität eines zeitgenössischen Malers wie Neo Rauch, dessen Bilder ohne die Kunstform des sozialistischen Realismus undenkbar wären. Doch russische Doktrinen waren in Polen zu keiner Zeit populär, weder in der Kunst, noch in der Politik. Und das ist wahrscheinlich der Grund dafür, warum dieses Museum in polnischen Augen mehr der Abschreckung als dem Genießen dient. Schlösser jedenfalls habe ich schon viele gesehen, ein Museum dieser Art noch nicht.

In Lublin, das in der Mitte aller polnischen Provinzen liegt, gibt es Jahrmärkte, wohin Leute aus allen Grenzländern ziehen. Es kommen Russen, Tataren, Türken, Italiener, Juden, Deutsche, Ungarn, dazu auch Armenier und Litauer.

Ein Reisender aus Venedig, 1575

Lublin

Jüdisches Leben ...

Nachdenklich stehe ich vor dem berühmten Gemälde Jan Matejkos mit dem Titel *Die Aufnahme von Juden in Polen im Jahr 1096*, das im Lubliner Schloss zu sehen ist. Es zeigt, wie jüdische Flüchtlinge nach dem Volkskreuzzug des Jahres 1096 vom polnischen Herzog Władysław I. Herman in Płock aufgenommen wurden. Während im ganzen westlichen Europa im Mittelalter Juden verfolgt und diskriminiert wurden, öffnete ihnen Polen in dieser Zeit seine Tore. Polen wurde auf Hebräisch sogar als „Pol-In" bezeichnet, was soviel heißt wie „Hier erhole dich". Und als ein solcher Ort wurde das Land bei den Juden wahrgenommen. Auch die später entstandene polnisch-litauische Union hatte sich Toleranz und Offenheit auf ihre Fahnen geschrieben, zumal sie zugleich auf neues Personal angewiesen war. Immer größer wurden die Besitztümer der polnischen Magnatenfamilien, immer aufwendiger die bürokratischen Strukturen. Es brauchte Mittler zwischen den Leibeigenen und den Besitzenden, Menschen, die das Geld eintrieben und verwalteten. Die jüdischen Neuankömmlinge nahmen sich dieser neuen Aufgabe dankbar an.

Auf dem Bild Matejkos scheint der Empfang eher zurückhaltend. Der Herzog wirkt skeptisch, reibt sich die Hand am Kinn, der hinter ihm stehende Adel hält sich auffällig zurück, während die Neuankömmlinge ins Bild drängen. Ahnt er etwas von deren Schicksal Jahrhunderte später? Dabei machten die Juden ihre Sache gut. Mit ihrer Kultur und ihrem Glauben waren sie über Jahrhunderte hinweg ein fester Bestandteil der polnischen Gesellschaft. Vor allem auch hier in der Region des heutigen Ostpolen, wo sich Lublin neben Krakau und Lemberg zu einem der wichtigsten jüdischen, insbesondere chassidischen Zentren entwickelte.

Es gibt kaum einen Ort auf meiner Reise durch Ostpolen, wo ich nicht auf Spuren dieses einst blühenden jüdischen Lebens treffe. Doch meist sind es jüdische Friedhöfe oder alte, zum Teil zweckentfremdete Synagogen, die noch Zeugnis ablegen von dieser Zeit. Es bedarf schon der Phantasie des Betrachters, dieses Leben von damals in der Gegenwart wieder auferstehen zu lassen. Auch hier oben auf dem Lubliner Schlossberg geht mein Blick auf das ehemalige jüdische Stadtviertel zu seinen Füßen ins Leere. Dort, wo früher die größte der über 100 Synagogen der Stadt stand, verläuft nun eine sechsspurige Schnellstraße. Und auch vom Rest des einst dicht bebauten und sehr belebten jüdischen Viertels ist nichts mehr geblieben. Ein Einkaufszentrum sowie ein Parkplatz haben die Fläche vereinnahmt. Doch ich bin vorbereitet auf diesen Anblick, setze mich auf eine Bank und schlage eine Stelle im Roman *Der Zauberer von Lublin* des jüdischen Schriftstellers Isaak Bashewicz Singer auf. In vielen Büchern des Nobelpreisträgers Singer ist das jüdische Leben dieser Region verewigt worden, so auch in diesem Roman, der im russisch besetzten Teilungsgebiet des späten 19. Jahrhunderts spielt. Über das jüdische Leben in Lublin berichtet der Erzähler:

In den Läden wurden Öllampen und Kerzen angezündet. Bärtige Juden in langem Kaftan und klobigen Stiefeln gingen auf ihrem Weg zum Abendgebet durch die Straßen. Der Mond ging auf, eine schmale Sichel, der Mond des Sommermonats Siwan. Auf den Straßen standen noch Pfützen. Überbleibsel des Frühlingsregens, obwohl die Sonne den ganzen Tag auf die Stadt niedergebrannt hatte. Hier und da flos-

sen die Gossen über von übel riechendem Wasser; die Luft roch nach Pferde- und Kuhmist und nach euterfrischer Milch. Rauch stieg aus den Schornsteinen auf; die Hausfrauen waren bei der Bereitung des Abendessens: Grütze mit Suppe, Grütze mit Schmorfleisch, Grütze mit Pilzen. Draußen, jenseits von Lublin, war die Welt in Aufruhr. Täglich waren die polnischen Zeitungen voll von Krieg, Revolution, Krise. Überall wurden Juden aus ihren Dörfern vertrieben. Viele wanderten nach Amerika aus. Aber hier in Lublin spürte man nur die Beständigkeit einer alten, fest gegründeten Gemeinde. Hier herrschten noch die alten Bräuche: Die Frauen trieben Handel, und die Männer studierten die Thora.

Ich spaziere vom Schloss durch das Burgtor in die Innenstadt. Schnell wird mir klar, warum der Besuch von Lublin auf keiner Reise durch diese Gegend fehlen darf. Auch wenn die Häuser der Altstadt nur zum Teil restauriert sind und viele scheinbar geduldig noch auf einen neuen Anstrich warten, zieht ihr Flair den Besucher fast magisch in eines der zahlreichen Cafés oder Restaurants. Früher wurde Lublin das „jüdische Oxford“ genannt, doch die einst die Thora studierenden Juden sind heute Bücher büffelnden Studenten gewichen. Die ehemalige Talmudschule, einst die größte der Welt, beherbergt heute die Medizinische Fakultät der Lubliner Universität. Der Film *Yentl*, der auf einer Kurzgeschichte Singers basiert und in dem Barbara Streisand die Hauptrolle spielte, kommt mir in den Sinn. Das Mädchen Yentl will sich darin, als Junge verkleidet, an dieser Schule einschreiben, mit allen damit verbundenen Verwicklungen.

Der Zweite Weltkrieg hat das Gesicht der Stadt verändert, jedwede jüdische Charakterzüge der Vernichtung preisgegeben. Eine kleine Tafel in der zentralen Grodzka-Straße mit polnischer und hebräischer Inschrift bestätigt im Kleinen, was ich im Großen schon weiß: *In diesem Gebäude war in den Jahren 1862-1942 ein jüdische Waisenhaus, genannt Ochronka, untergebracht. Am 24. März 1942 ermordeten die Nationalsozialisten alle Kinder des Hauses.* Auf seiner „Reise in Polen" während der Zwischenkriegszeit erlebte Alfred Döblin diese Straße noch anders: *Eine Straße, Grodzka, führt mich abwärts. Kinder spielen herum. Es wird bunt, sehr lebhaft; ich bin in die Judenstadt geraten. Häuser sind gelb und rosa bemalt. Ein Tor biegt sich über die Straße, grellrot… Die Straße läuft eng und bogig herunter, mit finsteren Kramläden.*

Döblins Buch begleitet mich auf meiner Reise, als Schrift gewordene Erinnerung derer, die das jüdische Leben dieser Stadt und Region noch vor dem Krieg erlebt haben. Aber beim Anblick der fröhlichen Studenten und Touristen auf den Straßen fällt es mir schwer, die Geschichte der Juden dieser Stadt mit der Gegenwart der heute hier lebenden Menschen in Einklang zu bringen. Hin und her gerissen zwischen diesen beiden Welten, nehme ich Platz in einem Restaurant, das *Beim Schuster* heißt. Von außen sieht es so aus, als habe es die Zeit vor dem Krieg noch erlebt, vielleicht sogar einmal einer jüdischen Familie gehört. Innen dagegen befindet sich ein Irish Pub mit „traditional food" und einem Hotspot für Kommunikationsbedürftige. Als mich eine junge Kellnerin um meine Bestellung bittet, überlege ich kurz, sie nach der Vergangenheit des Gebäudes zu fragen, verwerfe den Gedanken aber. Wahrscheinlich kennt sie die Geschichte ihres Lokals nicht. Und wenn doch, dann wäre diese Geschichte wahrscheinlich eine traurige.

Lublin

… jüdisches Sterben

Am Ende meiner Taxifahrt entlässt mich der Fahrer mit einer Entschuldigung. Die Hausnummer 9 könne er nicht finden, sie müsse aber hier in der Nähe sein. Zwischen 7 und 11. Ich zahle und steige aus. Für den Ort, den ich suche, gibt es keine Bezeichnung mehr. Ich bin mir nicht einmal ganz sicher, ob es ihn überhaupt noch gibt.

Vor dem Einmarsch der Deutschen lebten in Lublin ungefähr 40.000 Juden, also ein Drittel der Einwohner der Stadt. Dann wurde das jüdische Viertel schon bald nach Kriegsbeginn zum Ghetto erklärt und seit 1940 mussten sich alle Juden Lublins darin aufhalten. Zwei Jahre später begann ihre systematische Vernichtung. Straßenzug um Straßenzug trieb die SS die Juden meist während der Nacht aus ihren Wohnungen und brachte sie an den Stadtrand zu einem Schlachthof mit Gleisanschluss. Den Weg dorthin mussten sie zu Fuß zurücklegen, wer nicht mehr konnte oder fliehen wollte, wurde erschossen.

Ein Schlachthof als Umschlagplatz. Unweigerlich drängt sich mir der Anfang eines der bekanntesten Gedichte des polnischen Dichters Tadeusz Różewicz auf, das den Titel trägt: „Gerettet“:

Vierundzwanzig bin ich
gerettet
auf dem weg zum schlachten.

Leere namen die gleiches bedeuten:
mensch und tier
liebe und hass
feind und freund
licht und dunkel.

Ich sah:
menschen wie tiere getötet
fuhren zerhackter menschen
ohne erlösung.

Kannte Różewicz diesen Schlachthof hier in Lublin? Was ist aus diesem Ort geworden? Wenn es ihn nicht mehr gibt, was befindet sich heute an dessen Stelle? Aus einem kleinen Reiseführer habe ich die Adresse erfahren: ul. Turystyczna 9. Doch auf den ersten Blick deutet hier nichts auf ein schlachthofähnliches Gebäude hin. Ein paar kleine Geschäfte reihen sich aneinander, dann folgt eine Mauer. Ist es die Mauer des ehemaligen Schlachthofs? Neben einem Hundesalon führt mich eine kleine Einfahrt auf ein ziemlich heruntergekommenes Industriegelände. Etwas beunruhigt dadurch, dass mich einige Arbeiter ziemlich argwöhnisch begutachten, gehe ich noch ein Stück weiter und stehe plötzlich einem gewaltigen Gebäudekomplex auf der linken Seite gegenüber. In dessen Mitte liegt eine alte, aus Ziegeln gemauerte Fabrikhalle, aus deren vorderem Teil sich ein achteckiger Turm erhebt. Das Gebäude ist völlig verfallen, die Scheibenreihe, die das Blechdach unterteilt, eingeschlagen. Das Umfeld gleicht einer Müllhalde. Er steht also noch, der Schlachthof von damals. Doch auch er hat seine traurige Geschichte nicht überlebt.

Zu meinem großen Erstaunen finde ich auf der einen Seite des Schlachthofes das Schild einer Firma, die automatische Massagerollen herstellt. Im Innern der provisorisch genutzten Räume herrscht sogar reges Treiben. Auf die Frage, ob ich über die Räume der Firma die Haupthalle des alten Schlachthofes betreten kann, zuckt ein Arbeiter nur die Schultern. Er kenne nur die wenigen Räume, die sich die Firma hergerichtet habe. Ein paar weitere gehörten einer zweiten Firma und noch ein paar einer dritten. Man habe sich das so aufgeteilt und neue Wände eingezogen. Ob er wisse, was sich sonst noch in diesem ehemaligen Schlachthof befindet, frage ich ihn, aber er hat keine Ahnung.

Hoch über dem Firmenschild, kaum noch lesbar, kann ich noch eine weitere, ziemlich alte polnische Inschrift entziffern: *Zakłady mięsne w Lublinie*. Fleischwerke in Lublin. Ursprünglich befand sich der Schlachthof an einer anderen Stelle, bevor in den Jahren 1926–1929 dieses Gebäude gebaut und er hierher verlegt wurde. Über eine Rampe transportierte man das zerlegte Fleisch zu den nahe gelegenen Gleisen, von dort exportierte man es dann nach Italien, Österreich, Belgien, Dänemark und England. Im Zweiten Weltkrieg wurden von hier aus die Juden in die Vernichtungslager gebracht. In der polnischen Erzählung *Eine ausnehmend lange Linie* findet die Schriftstellerin Hanna Krall Worte für das Grauen, das sich hier abgespielt hat:

Den Schlachthof umgab eine Fabrikmauer. Zwischen Mauer und Halle waren Bahngleise. In der Halle wurden Tiere getötet und zerlegt, auf den Gleisen fuhren Güterwaggons ab. In der Frühe fuhren sie mit Menschen ab – zu den Gaskammern. Am Tag mit Fleisch – an die Front. Der Schlachthof arbeitete ununterbrochen, und die Juden, denen es geglückt war, nicht in die Waggons einzusteigen, versuchten, sich zwischen den getöteten Tieren zu verstecken. Dort verbrachten sie mehrere Stunden, manchmal einen ganzen Tag und eine ganze Nacht.... Alle zwei Tage kamen die Deutschen auf den Schlachthof. Sie wussten, dass sich hier Juden verbargen. Sie suchten nach ihnen zwischen den noch lebenden Tieren, dann zwischen den getöteten, dann in den Kühlräumen zwischen den Fleischhälften, dann auf den Lastwagen, die vom Schlachthof zur Rampe fuhren. Sie stachen mit langen Metallklingen in das Fleisch. Die Menschen, die sie im Fleisch gefunden hatten, führten sie zu den Waggons.

Heute produziert in dem völlig verfallenen Gebäude eine Firma also Massagerollen. Mein Kopf hält die Vorstellung nicht mehr aus. Die Bilder verdrängend, kämpfe ich mich durch die Geröllmassen noch zu jener Seite des Gebäudes, wo einst die Rampe stand und die Schienen verlegt waren. Steige über zerbrochene Stühle, Teermatten, Bauschutt durch eine aufgebrochene Wand ins Innere. Doch außer weiteren Wänden, Säulen und Schutt gibt es nichts mehr zu sehen. Ich kehre um. Das Taxi, mit dem ich hergekommen bin, wartet noch auf der anderen Straßenseite. Ob ich gefunden hätte, was ich gesucht habe, fragt mich der Fahrer. Doch mir fehlen die Worte.

Gegenwärtig zählt die jüdische Gemeinde in Lublin nicht einmal mehr zwei Dutzend Personen. Ihre Existenz endete fünf Kilometer entfernt von hier im Vernichtungslager Majdanek. Wer überlebte, verließ die Stadt und das Land in Richtung Amerika oder Israel.

Litauischer Platz.
Von der Lubliner Union zur Europäischen Union

Tiefschwarz ragt neben mir ein gusseiserner Obelisk 13 Meter hoch in den Himmel. Ein goldfarbiges Relief auf seinem Sockel zeigt zwei Frauen, die sich die Hand geben, zwischen ihnen stehen die Wappen der beiden Reiche, die sie symbolisieren: der weiße Adler Polens und der berittene litauische Ritter mit Schwert. Das Denkmal erhebt sich mitten auf dem Litauischen Platz in Lublin auf einer künstlich aufgeschütteten Anhöhe und ist von einer schweren Eisenkette umgeben.

Ich habe mich auf einer Bank niedergelassen in dem kleinen Park, in dem das Denkmal steht und zwischen dessen Bäumen ein Springbrunnen Wasser in den Himmel schießt. Die kleine Fontäne und der Obelisk konkurrieren in einem ungleichen Wettbewerb, doch beide gemeinsam prägen diesen Platz, der am Ende meines Spaziergangs steht von der Lubliner Burg durch die Altstadt weiter Richtung Westen. Obwohl der Ort auf den ersten Blick etwas abseits des eigentlichen Zentrums liegt, scheint er mir doch auf seine Weise die Schnittstelle zwischen Geschichte und Gegenwart dieser Stadt zu symbolisieren. Genau hier schlugen einst die Vertreter Litauens ihr Lager auf, als sie im Jahr 1569 mit dem polnischen König Zygmunt August über die polnisch-litauische Union verhandelten, die schließlich am 12. August desselben Jahres verkündet wurde. Knapp 200 Jahre nach der bereits seit 1386 bestehenden Personalunion kam es durch diesen Akt zu einem friedlichen Zusammenschluss beider Reiche unter einem gemeinsamen König. Zygmunt August bin ich bereits im Museum der Lubliner Burg begegnet, wie er auf dem berühmten Gemälde *Lubliner Union* des polnischen Malers Jan Matejko, ein Kreuz in der Hand haltend, den Treueschwur aller Abgesandten entgegennimmt.

Bis heute gilt die Lubliner Union als die erste Europäische Union zweier Staaten, die auf diese Weise das damals größte Reich auf dem europäischen Festland schufen. Wohl nicht zufällig erheben sich gerade hier, gleich hinter den Bäumen des Parks, die großen Buchstaben des *Hotels Europa*, das aus der Mitte des 19. Jahrhunderts stammt und zu den luxuriösesten seiner Art östlich der Weichsel zählt. „Von der Lubliner Union zur Europäischen Union" lautete folgerichtig das Motto, als Polen im Jahr 2004 der EU beitrat. Dem Obelisken auf dem Litauer Platz wurde später das Siegel des Europäischen Kulturerbes verliehen. Auch wenn zwischen den Unionen 400 Jahre liegen, so werde ich dennoch auf diesem Platz an beide erinnert. Durch den Obelisken als historisches Denkmal neben mir und das großstädtische Treiben auf der zentralen Straße Krakowskie Przedmieście vor mir. Beide Zusammenschlüsse sind vor allem motiviert durch das Streben nach Sicherheit: Das damalige Großreich wollte sich vor kriegerischen Übergriffen schützen, die heutige EU muss unter anderem als Wirtschaftsgemeinschaft dem Weltmarkt Paroli bieten.

Die Straße vor dem Park gehört zu den größten und meistbefahrenen in Lublin. Wer genug hat vom gemütlichen Flanieren in der Altstadt, stürzt sich auf ihr ins bunte Treiben des modernen Kommerzes. Auch wenn der Beitritt zur Europäischen Union das heutige Leben der Bürger sicher nachhaltiger beeinflusst hat als die Union vor 400 Jahren, so sind die Lubliner dennoch ein wenig stolz darauf, dass die Verhandlungen über Letztere hier und nicht in Krakau, dem damaligen Königssitz, stattgefunden haben. Der Grund dafür war ebenso einfach wie pragmatisch. Lublin lag genau zwischen Krakau und Wilnius, stellte somit für die Herrscher beider Länder einen günstigen geografischen Treffpunkt dar.

Während sich unweit von mir einige ältere Herren für ein Schachspiel im Park zusammengefunden haben, komme ich mit zwei Studenten der Katholischen Universität Lublin ins Gespräch. Sie sind die wenigen Stationen von der Uni hierher gefahren, um sich auf den Bänken des Parks auf eine Prüfung vorzubereiten. Die Universität, an der sie studieren, gehört zu den berühmtesten des Landes, nicht zuletzt deshalb, weil sie nach ihrer Gründung im Jahr 1918 die einzige katholische Universität in Osteuropa blieb. In kommunistischen Zeiten galt sie als wichtige Bastion des Widerstands, aus der viele bekannte katholische Oppositionelle hervorgingen. Auch Karol Woityła, der spätere Papst Johannes Paul II., hatte viele Jahre als Dozent an ihr gelehrt. Seit dem Jahr 2005 trägt die Universität sogar offiziell seinen Namen.

Ob sie wegen der berühmten Geschichte der Universität an ihr studierten, frage ich die jungen Leute, die sich mir als Jarek und Iza vorstellen. Doch ihre Antworten sind ebenso enttäuschend wie ernüchternd. Es war weniger der gute Ruf oder die historische Bedeutung der Universität als vielmehr das Angebot der Studienfächer, das die beiden hierher nach Lublin lockte. Während Jarek Kulturwissenschaften studiert, hat sich Iza für Germanistik eingeschrieben. Ob man katholisch sei oder nicht, spiele für das Studium längst keine Rolle mehr, erzählen sie mir. Die Zeiten haben sich verändert, viele der Studenten hätten zur Kirche gar keine Verbindung mehr. Die Veranstaltungen in Bibelkunde und Katholischer Soziallehre seien dennoch für alle Studierenden verpflichtend, aber ansonsten gäbe es kaum noch Unterschiede zu anderen Hochschulen. „Vielleicht mag der Name der Universität eine Rolle spielen, entscheidend für den späteren Erfolg im Beruf bleibt aber mit Sicherheit ein guter Abschluss", sagt Jarek. Und da sind sich beide Studierende einig. Meine Frage, wo sie später einmal arbeiten wollen, können sie mir nicht beantworten. Vielleicht in Polen, vielleicht im Ausland. „Europa steht uns ja jetzt offen!", sagt Iza und lacht dabei. Das weltoffene und pragmatische Denken hat also auch bei diesen beiden Studenten jede historische Gefühlsduselei verdrängt. Lubliner Union hin oder her. Und eine Nacht im alten *Hotel Europa* könnten sie sich ohnehin nicht leisten. Die beiden jungen Menschen sind längst fest verankert in den Freiheiten und Zwängen des modernen Europa und sie fühlen sich wohl darin. Und während ich noch einmal ehrfurchtsvoll um den Obelisken spaziere, haben zwei kleine Kinder die Eisenkette zum Schaukeln entdeckt.

Carlsberg

Kazimierz Dolny

Nostalgie mit Blick auf die Weichsel

Es ist früh am Morgen und noch haben die Autokarawanen aus dem 140 km nördlich gelegenen Warschau ihr Ziel nicht erreicht: Kazimierz Dolny. Ich könnte mir gut vorstellen, hier, in einem Café mitten auf dem kleinen Marktplatz, einfach sitzen zu bleiben, die Uhr abzulegen, das Handy abzustellen und dem Treiben auf dem Platz zuzusehen, bis mich am Abend der Schlaf überkommt; ja, ich könnte mir vorstellen selbst dann noch hier liegen zu bleiben, die Nacht auf der Bank im Freien zu verbringen, eingerahmt von dieser historischen Kulisse, deren mittelalterlichen Gerüche und zänkischen Marktweiber mich durch den Schlaf begleiten …

Kazimierz Dolny ist der steingewordene Traum aller Polen von einer Zeitreise in die mittelalterliche Vergangenheit. Jedes Wochenende pilgern sie in Scharen aus der dämonischen Warschauer Metropole hierher, um ihre Sehnsucht zu stillen nach historischer Authentizität, sich der Illusion hinzugeben, wie schön es sein könnte in diesem Land, wenn der Krieg, ja, wenn der Krieg ihm nicht so Vieles genommen hätte. Natürlich war auch Kazimierz im Krieg stark zerstört, litt auch diese Stadt unter den Grausamkeiten der NS-Besatzung, doch man baute sie schnell wieder auf und schon bald vermittelte sie den Eindruck, dass alles gar nicht so schlimm gewesen sei. Die neue heile Welt lässt hier die alte unheile vergessen.

Während ich meinen zweiten Kaffee trinke, trifft eine Schulklasse ein, die sich, Gott weiß wo, blitzartig mit Holzschwertern, Äxten und Pfeil und Bogen ausgerüstet hat und nun um den zentralen Brunnen auf dem Markt Kämpfe austrägt. Jetzt ist sie komplett, die mittelalterliche Kulisse aus kunstvoll verzierten Häusern einst reicher Kaufleute, die den Platz auf drei Seiten einrahmen, um auf der vierten den Blick freizugeben auf die Pfarrkirche Johannes des Täufers. Eine Zigeunerin tritt an mich heran, will mir die Zukunft aus der Hand lesen. Ich lehne ab. Nicht hier, in Kazimierz, wo sich alles um die Vergangenheit dreht.

Irgendwann stehe ich dann doch auf, neugierig geworden durch sonderbare Hähne aus Brot, an denen einige der Schüler knabbern. Sie heißen auf Polnisch *Koguty* und gehören so zu Kazimierz wie die Katarzynki-Lebkuchen zu Thorn. Im Unterschied zu Letzteren reicht mir allerdings ein Bissen, um zu wissen, dass auch dieses Rezept wohl im Mittelalter stecken geblieben ist und bestenfalls als Therapie gegen Durchfall zu funktionieren vermag. Eigentlich eignen sich diese im wahrsten Sinne des Wortes geschmacklosen Hähne nur zum Verschenken oder An-die-Wand-Hängen. Und zum Überleben, wenn der Hunger allzu arg quält.

Mittlerweile ist es Mittag geworden, und der kleine Ort füllt sich zunehmend mit Autos, Bussen und Taxen. Als hätte jemand einen Eimer Menschen ausgegossen, die nun nach und nach hineinströmen, um sich gegenseitig das zu nehmen, weshalb sie eigentlich gekommen sind: romantisch verklärte Ruhe. Ich verlasse diese Kultstätte moderner Alltagsflucht und spaziere vorbei an der Pfarrkirche hinaus auf den Hügel, wo die Ruinen der alten Burg von Kazimierz stehen und sich ein tonnenförmiger, steinerner Turm malerisch in die Landschaft einfügt. Der Turm stammt noch aus dem 13. Jahrhundert und gilt als das älteste Bauwerk der Stadt. Ursprünglich diente er als Zollabfertigungsstelle, später brannte auf ihm ein Feuer, das den Schiffen auf der Weichsel den Weg in den Hafen der Stadt weisen sollte. Nachdem ich die wenigen Stufen auf den 20 Meter hohen Turm emporgestiegen bin, wird mir klar, weshalb dieser Platz für einen Turm strategisch gut gewählt war. Vor mir eröffnet sich ein Panorama auf die Weichsel, wie ich es bislang noch nirgends gesehen habe. Immer wieder hat mich dieser Fluss auf meinen Reisen durch Polen begleitet. Ob in Krakau oder Warschau, in Sandomierz oder im Norden, wo er sich auffächert zum Weichseldelta und in die Ostsee fließt. Immer wieder wechselt er sein Gesicht, fließt mal majestätisch erhaben in gewaltiger Breite, mal eher zahm und schmal, mal preußisch streng gerade, mal verspielt in launischen Kurven. Schiffe transportiert er dabei kaum. Zu oft hat er als Grenzfluss gedient und heutzutage wären die Kosten für einen Ausbau für die Schifffahrt enorm. Nur in einigen Abschnitten dient er in diesem Sinne der Wirtschaft, ansonsten bleibt er als Mythos im Gedächtnis der Polen verankert, als nationales Symbol, das den Fortbestand des Landes auch dann noch symbolisierte, als es das Land politisch nicht mehr gab. „Land an der Weichsel", nannten die Russen Polen abfällig, als sie nach den polnischen Aufständen 1863 den Namen Polen nicht mehr verwenden wollten. Doch die Polen ließen sich den Fluss nicht nehmen. Der Dichter Zbigniew Herbert hat sich damit auseinandergesetzt, als er in einem Gedicht schrieb:

Den Graben, in dem ein trüber Fluss fließt,
nenne ich Weichsel. Es fällt schwer zu bekennen:
zu so einer Liebe haben sie uns verurteilt,
mit so einem Vaterland uns durchbohrt

Während ich hier oben auf dem Turm stehe und auf den Fluss blicke, geht mir ein altes polnisches Volkslied durch den Kopf, dessen letzte Strophe lautet: *Die Weichsel fließt und fließt durch Polens weites Land, und solange sie fließt, ist Polen nicht verloren.* Die Polen lieben diesen Fluss. Und ich liebe ihn auch. Nicht aus politischen Gründen, sondern deshalb, weil er sich den Frachtern verweigert, die Rhein und Donau quälen. Die Weichsel ist sich treu geblieben, das macht sie liebenswert, doch auch gefährlich. Es ist Mai 2010, und nicht nur einmal wird mir der Weg zu einem Ort versperrt, weil sie dramatisch über die Ufer getreten ist und eine der größten Überschwemmungskatastrophen des Landes verursacht hat. Der Fluss lebt. Und wer neben ihm lebt, lebt gefährlich.

Durch Kazimierz fließt ein kleiner Kanal. Überall steht jetzt die Feuerwehr, bereit, jederzeit die Zufahrt zur Stadt zu sperren. Der Pegel steigt. In letzter Minute verlasse ich den Ort, hinter mir fallen die Schranken. Manch einer wird herausgerissen aus seinen Träumen von vergangenen Zeiten, sieht sich plötzlich konfrontiert mit der Frage, wie er sein Auto in Sicherheit bringen kann. So nah liegen die Emotionen in Kazimierz Dolny beisammen. Doch niemand kann den Besuchern ihr Recht auf Nostalgie nehmen. Auch nicht die Weichsel. Und so werden sie wiederkommen. Wie jedes Jahr. In Scharen. Und dann klagen, wie überfüllt der Ort doch wieder war. Mit Menschen. Und manchmal auch mit Wasser.

Und in der Kathedrale von Sandomierz
Wurden so viele Qualen gemalt,
So viele Teufel, so viele Heilige
Morgens, abends, abends, morgens
Jarosław Iwaszkiewicz

Sandomierz

Eine Kathedrale voller Blut

Auf den ersten Blick macht diese auf einem kleinen Berg liegende Stadt einen friedlichen Eindruck. Sie scheint so in sich ruhend und zufrieden, dass es mir schwer fällt, über sie zu schreiben. Sie lässt sich besser in Bilder als in Worte fassen, entzieht sich durch ihre kompositorische Perfektion jeder spannenden literarischen Charakterisierung. Ein russischer Oberst war so begeistert von der Stadt, dass es ihm gelang, die Front gegen die deutsche Armee im Zweiten Weltkrieg so weit fern zu halten, dass die Stadt keinen Schaden nahm. Später wurde er in ihr beerdigt.

So ist es nur verständlich, dass sich polnische Reiseunternehmer der Attraktivität der Stadt gerne bedienen, um den von Vernichtungslagern, zerstörten Synagogen und anderen in dieser Region verübten Kriegsgräuel verschreckten Touristen wieder neue Kräfte zu verleihen. Hier, ähnlich wie in Kazimierz Dolny, kommt der Besucher zur Ruhe, flüchtet sich in die eindrucksvolle architektonische Ästhetik der Stadtanlage, flaniert durch die überschaubare Anzahl von Straßen und Gassen, um schließlich irgendwo im Schatten der vielen Grünanlagen ein Café oder Restaurant aufzusuchen, nicht ohne vorher noch einen Blick vom Stadtrand auf die unten am Berg vorbeifließende Weichsel geworfen zu haben.

Auch ich gebe mich dieser Idylle hin, steige auf den Turm des Opatow-Tores, erschließe mir die Stadt zunächst von oben, um mich dann durch die zentrale Straße zum Marktplatz treiben zu lassen mit seinem fotogenen viereckigen Rathaus aus Ziegelsteinen. Das sich darin befindliche Museum veranlasst mich jedoch ebenso wenig, meine Lethargie abzulegen, wie das Angebot, die unterirdischen Korridore der Stadt mit ihren Verliesen, Kellern und Schächten zu erkunden, die sich über unzählige Kilometer erstrecken, bis zu 12 Meter unter der Erde liegen und voll von Legenden und Geschichten stecken. Ich flaniere weiter, kaufe mir ein Eis, verlaufe mich auf einen Aussichtspunkt mit Blick ins weite und flache Hinterland der Weichsel und betrete, schon am Ende der Stadt, die Kathedrale, die Mutter aller Kirchen in der Diözese Sandomierz.

Nichts ahnend. Ohne jedes Vorwissen. Es ist schon Abend und die dreischiffige Kirche empfängt mich in schläfrigem Licht. Eigentlich sollte der Blick auf die Wandgemälde nur flüchtig ausfallen, wie überhaupt mein Besuch dieser Kirche eher dem Pflichtprogramm zugedacht war als der Kür. Doch das Motiv des ersten Bildes macht mich stutzig. Auch das nächste und übernächste Bild gleichen sich in der Thematik wie noch neun weitere. Mir bleibt der Mund offen stehen. Wohin ich auch schaue, auf jedem der Bilder werden Menschen auf unvorstellbar grausame Weise dem Himmel zugeführt. Sie werden erstochen, zerteilt, geköpft, von Pferden geschleift, von Löwen gefressen, von Schaufeln gespalten oder kopfüber an Kreuzen aufgeknüpft und mit Gewichten beschwert. Augen, Köpfe oder Gliedmaßen verteilen sich über die Fläche, aus diversen Löchern spritzt das Blut. Eine der Figuren hält sogar seinen eigenen Kopf unter dem Arm.

„Martyrologium Romanum oder die Märtyrer der einzelnen Monate“ heißt dieser Zyklus, der aus dem frühen 18. Jahrhundert stammt. Ich kann mich nicht erinnern, jemals eine derart blutige Kirchenbebilderung gesehen zu haben, schon gar nicht in Polen. Die zwölf Kunstwerke sind je einem Monat zugeordnet und auf jedem wird das Martyrium eines Heiligen dargestellt, der in diesem Monat seinen Namenstag hat. Ein blutiger Kalender, der so gar nicht in diese friedliche Stadt passt.

Nur eines der Bilder kann ich nicht betrachten. Es ist mit einer aufwendigen Bretterwand verstellt, die ein schwerer Vorhang verhüllt. Es gibt kein noch so kleines Löchlein, um doch einen Blick auf das Gemälde zu werfen. Hier wurde gründlich gearbeitet, was meine Neugier aber nicht verringert. Draußen treffe ich einen Priester, der nur abwinkt, als ich ihn darauf anspreche. Das sei schon eine alte Geschichte, sagt er, und niemand störe sich mehr an ihr. Auf besagtem Bild mit dem Titel „Der Kindermord von Bethlehem“ wird ein christliches Kind auf grausame Weise einem jüdischen Ritualmord unterzogen. Diese angebliche Verwendung von Blut christlicher Kinder für jüdische Rituale war schon seit dem 13. Jahrhundert ein gern bemühter Vorwand für immer wieder in der Geschichte einsetzende Pogrome. Auch das berüchtigte Pogrom von Kielce im Jahr 1946, als dort unmittelbar nach dem Krieg 41 Juden getötet und über 80 verletzt wurden, begann mit einem Vorwurf dieser Art, der sich später aber als frei erfunden herausstellte. Nach heftiger Diskussion in den Medien beschloss man in Sandomierz, aus Rücksicht auf jüdische Empfindungen dieses Lügengemälde zu verhüllen. Eigenartig, aber wenigstens spannend.

Draußen hat mich die Sandomierzer Idylle wieder schnell im Griff. Eine polnische Touristengruppe pilgert interessiert durch die Straßen, alle haben eine Broschüre in der Hand mit der Aufschrift *Auf den Spuren von Pater Mateusz*. Seit einigen Jahren zieht dieser Priesterdetektiv mit Popstarqualitäten in einer unglaublichen Erfolgsgeschichte die polnischen Fernsehzuschauer in seinen Bann. Da die Serie in Sandomierz spielt, sind auch die Besucherzahlen in der Stadt erheblich gestiegen – angeblich auch das Interesse für den Priesterberuf. Ein blutiger Kalender in der Kirche, ein findiger Priester als Detektiv, der auf Verbrecherjagd geht. Vielleicht ist diese Stadt doch nicht so brav, wie sie aussieht. Etwas verunsichert reise ich ab.

Zalipie

Ein Dorf malt sich an

Auf meinem Weg von Sandomierz nach Krakau flutet das Hochwasser der Weichsel die Straße und zwingt mich so zum Querfeldeinfahren durch die Dörfer. Ein riskantes Unterfangen, denn je weiter ich mich von der Hauptstraße entferne, desto kleiner werden die Wege und umso größer die Schlaglöcher. Irgendwann habe ich die Orientierung verloren und fahre nur noch auf gut Glück Richtung Süden. Die Dörfer hier ringen mit sich selbst um ihre Zukunft, Moderne und Tradition stehen nebeneinander, ungewiss, wer sich durchsetzt. Manch ein modernes Einfamilienhaus steht neben einer alten Holzbaracke, teure Autos parken neben alten Fiats und Pferdewagen. Plötzlich muss ich laut auflachen. Gleich hinter dem Ortsschild Zalipie sitzt eine Frau mittleren Alters mit Pinsel und Farbtopf vor dem Haus und bemalt die Hauswand bunt mit Blumen. Doch mein Lachen schlägt schnell um in großes Erstaunen. Nicht nur dieses Haus, auch andere Häuser rechts und links strahlen mir mit aufgemalten Blumenmustern auf ihren Wänden entgegen. Ein bemaltes Dorf?

Ich steige aus und spreche die Frau an, die sich mir als Wanda vorstellt. Das sei hier doch normal, sagt sie. Ich wäre schließlich in Zalipie! Dann erzählt sie mir, dass diese Maltradition in der hiesigen Region Powiśle Dąbrowskie schon seit dem Ende des 19. Jahrhunderts existiert und vor allem durch das Schaffen der Volkskunstmalerin Felicja Curyłowa, die von 1903–1974 hier lebte, einen großen Boom erfuhr. Fast alle im Dorf malen ihre Häuser an. Kinder, Eltern, Großeltern. Dabei werden nicht nur die Außenfassaden verziert, sondern auch alle möglichen Wände oder Gegenstände im Innern der Wohnungen. Es gibt einen richtigen Wettbewerb jedes Jahr, aus dessen Anlass am Wochenende nach Fronleichnam eine Jury durchs Dorf zieht und die Werke des letzten Jahres begutachtet. Dabei geht sie von Haus zu Haus, von Zimmer zu Zimmer und beurteilt das Schaffen, um am Ende einen kleinen Preis zu vergeben. Ob die Einwohner ständig neue Häuser bauen müssten, um neue Malflächen zu bekommen, frage ich Wanda. Aber da winkt sie gleich ab. Ach wo, dafür hätte doch keiner Geld! Die alten Kunstwerke werden einfach weiß übermalt und dann neue geschaffen. Oder man sucht sich beim Nachbarn eine Fläche. Schließlich sei das ja auch nicht ihr Haus, das sie gerade bemale, sondern der Hausbesitzer habe sie engagiert.

Nach wenigen Minuten kommt Wanda mit einem großen Schlüssel und führt mich ein Haus weiter ins örtliche Museum. Hier wohnte einst Felicja Curyłowa. Und so sieht das Haus auch aus. Wirklich alles in diesen Räumen ist mit Blumenschmuck bemalt oder mit Blumengebinden verziert. Wände, Kacheln, Teller, Tassen, Bilder, Bettdecken – wohin ich auch schaue. Ein Kunstgarten von unvorstellbarer Pracht. Neben dem Museum gibt es einen kleinen Schulungsraum, wo Gäste oder Schüler aus den umliegenden Dörfern lernen können, wie man diese Blumen malt oder Gestecke bindet.

Es ist kaum zu glauben, dass mich nur der pure Zufall in dieses Dorf geführt hat. Und intuitiv schaue ich mich nach einem großen Parkplatz um, den ich voller Touristenbusse vermute. Es kommen schon immer wieder Touristen ins Dorf, erzählt mir Wanda, aber kein Massentourismus. Das ist auch gut so, sagt sie. Schließlich machen die Bewohner das vor allem für ihr Dorf und zu ihrem eigenen Spaß, nicht als Show für die Außenwelt. Ich mache noch ein Foto von Wanda mit Pinsel und Farbe und setze mich wieder ins Auto, um noch ein bisschen durchs Dorf zu fahren. Und tatsächlich. Fast jedes Haus erstrahlt im Blumenschmuck. Brunnen, Wegkreuze, Scheunen, Hundehütten, sogar Bäume und das Feuerwehrauto tragen ein Blumengewand. Fronleichnam naht, und alles zeigt sich in frischer Farbe. Insgesamt sind heute ungefähr 20 Häuser des Dorfes bemalt, und in vielen Familien wird die Kunst weiterhin gepflegt. Auch die Kirche ist in Blumenschmuck gekleidet, ebenso wie das Gewand des Pfarrers. Alles Ton in Ton aufeinander abgestimmt. Auf dem Friedhof neben der Kirche finde ich das Grab von Felicja Curyłowa. *Felicja Curyłowa. Bekannte Volkskunstmalerin, die sich um das Wohl der Gesellschaft verdient gemacht hat*, steht auf dem Grabstein, der sich gleich neben dem Eingang befindet. Ein Ehrenplatz also. Und wie zu erwarten, ist auch dieses Grab voller Blumenschmuck.

Vor dem *Haus der Maler*, einer Art Gemeindehaus, treffe ich auf einen jungen Mann, der sein Kind im Kinderwagen schiebt. Ob er auch Häuser bemale, frage ich ihn, und er lacht. Nein, er ausnahmsweise nicht. Aber es gebe im Dorf durchaus einige Männer, die diese Kunst beherrschten und ausübten. Auch der Kleine im Kinderwagen wird wohl mal Maler werden. Wegen seiner Großmutter. Nachwuchsprobleme gibt es also nicht. Irgendwann steige ich wieder ins Auto, verlasse das Dorf in unbekannte Richtung, wohl wissend, dass ich es ohne eine Karte nie wiederfinden würde. Schade eigentlich. Oder auch nicht. Solche Inseln uneitler Kunstausübung sind selten geworden. Und vielleicht ist es richtig, sie gerade dadurch zu schützen, indem man einfach keine Schilder aufstellt. Für das wahre Kunsterlebnis braucht man dann eben etwas Glück. So wie ich heute.

Uroczysko Zaborek – nachts im Museum

Kurz vor Janów Podlaski weist mir ein unscheinbares Schild den Weg nach rechts. Ein paar Hundert Meter geht es dann noch auf einer schmalen Feldstraße an einem See vorbei in den Wald, dann bin ich endlich angekommen. „Uroczysko Zaborek" ist der Name meiner Pension, was übersetzt so viel bedeutet wie „Versteckter Ort hinter dem Nadelwald". Der Ort wird seinem Namen gerecht. Wer hierher kommt, hat garantiert vorgebucht. Und sich genau erkundigt, wie er herfindet.

Warum die Ausschilderung nicht sichtbarer ist, frage ich Arek, den Eigentümer, und die Antwort klingt logisch: „Schließlich wollen wir nur Gäste hier haben und keine Touristen, die nur gucken, fotografieren, die Gäste stören und dann wieder weiterfahren!" Zum Fotografieren gibt es hier wahrlich genug, und Areks Bedenken kann ich nachvollziehen. Denn eigentlich ist er nicht Eigentümer einer Pension, sondern eines einzigartigen Freilichtmuseums.

In den Jahren zwischen 1995 und 2005 hat Arek alte Holzgebäude gesammelt wie andere Briefmarken. Obwohl er Jura studiert hat, wollte er sein Geld schon immer in der Landwirtschaft verdienen, doch der Boden in der Gegend war zu sandig, die Ernte unrentabel. Also kam er auf die Idee, diese Art von Pension zu errichten. Er begann damit, im Umkreis zwischen 15 und 120 Kilometern alles an alten Holzhäusern aufzukaufen, was auf dem Markt war und die Architektur der Region repräsentierte. Ein altes Pfarrhaus zum Beispiel oder eine Holzkirche, eine alte Schmiede und, das Prunkstück, eine alte Holzwindmühle. Die Preise, erzählt er mir, waren geradezu lächerlich, weil die Gebäude zuweilen in so schlechtem Zustand waren, dass die Verkäufer sich eher wunderten, überhaupt noch Geld dafür zu bekommen. Doch Arek setzte alles instand, baute überall Schlafräume, Küchen und Badezimmer ein. „Zehn Jahre Wahnsinn“, sagt er und gesteht mir, dass seine Frau in dieser Zeit zu ihrer Mutter gezogen ist. Heute hat er sieben Leute eingestellt, außerdem helfen seine Cousine, die Schwiegermutter und die Tochter im Betrieb. Seine Frau, die eigentlich Landwirtin ist, leitet die Verwaltung.

Diese Art von Wahnsinn hat sich gelohnt. Neunzehn Gebäude stehen heute auf dem weitläufigen Gelände, mit über 100 Betten für Gäste. Ich mag meinen Augen kaum trauen, mit welcher Kunstfertigkeit Arek diesen teilweise über 150 Jahre alten Gebäuden neuen Glanz verliehen hat. Und das nicht nur von außen, auch die Inneneinrichtung ist Original oder dem Original entsprechend. Mein Zimmer liegt im ersten Stock des ehemaligen Pfarrhauses, das aus dem Jahr 1880 stammt. Freilich, das Bett ist etwas kurz, das Dach etwas schräg, und überhaupt komme ich mir mehr vor wie in einer Puppenstube als in einer Pension. Doch genau hierin liegt der Reiz.

Warum er das alles gemacht habe, frage ich Arek. Ist es die immer wieder spürbare Sehnsucht vieler Polen nach der Rekonstruktion von Zerstörtem oder die Lust auf die Zeitreise in unwiederbringlich Vergangenes? Aber Arek ist dann doch zu sehr Jurist, um bei dieser Frage in Sentimentalität zu verfallen. Natürlich begeistere ihn das Alte, interessiere er sich für Architektur und liebe die Idylle. Aber eine Theorie ableiten möchte er daraus nicht. Im Gegenteil. Er wolle seinen Gästen einfach etwas bieten, was zur Region passt, sie nachts nicht rausreißt aus den Gefühlen und Eindrücken, die sie tagsüber in diesem Teil des Landes erleben und erfahren. Die Übernachtung solle ein integrativer Teil ihrer Reise sein, sich einfügen und nicht ausscheren, auch wenn's bequemer wäre.

Über eine schmale Treppe steigen wir in die malerisch in der Landschaft stehende Windmühle hinauf. Oben befindet sich ein Wohnzimmer, das ein gewaltiges Holzzahnrad in zwei Teile schneidet. Eine kleine Tür führt in das Schlafzimmer, das so genannte *Prinzessinnen-*

zimmer. Es heißt so, weil hier einmal die Prinzessin Alia von Jordanien übernachtet hat. Und sie war nicht die einzige Prominente. Auch andere nationale und internationale Größen haben in dieser Pension bereits geträumt. Ein Stammgast, so erzählt mir Arek stolz, sei Charlie Watts von den Rolling Stones, dessen Zimmer er sogar mit alten Musikinstrumenten ausgestattet hat. Charlie Watts kommt fast jedes Jahr zu den Pferdeauktionen in das unweit gelegene berühmte Pferdegestüt in Janów Podlaski. Aber die Mehrzahl der Gäste seien dann doch eher gewöhnliche Touristen. Viele kämen aus Warschau oder seien Mitarbeiter von Firmen, die hier Konferenzen durchführen. Mercedes, BMW, Siemens, Telekom, alle waren sie schon da, sagt Arek.

Noch während ich mich frage, wie und wo man hier eine Tagung durchführen könnte, hat Arek bereits die alte Kirche aufgeschlossen. „Hier“, sagt er, „haben wir einen modernen Konferenzsaal eingerichtet“. Und während die Kirche zunächst tatsächlich noch so tut, als wäre sie eine Kirche, in der man Gottesdienste besucht, führt mich eine Treppe nach unten zu ihrem zweiten Ich. Vor mir öffnet sich ein mit modernem Equipment ausgestatteter Konferenzsaal, der, trotz seiner Einbettung in das gemauerte Gewölbe, keine Ansprüche unerfüllt lässt. Stolz präsentiert mir Arek die Beleuchtungsanlage, den Beamer und die Leinwand. Es gehört schon viel Phantasie dazu und Mut, das Alte mit dem Neuen auf diese Art und Weise zu verbinden. Dem Flair alter Zeiten gerecht zu werden, ohne auf die Bedürfnisse der Moderne verzichten zu müssen. Aber Arek ist es so gut gelungen, dass diese Pension längst kein Geheimtipp mehr ist. Selbst im Winter kommen Touristen, um die Region auf Schlittenfahrten zu erkunden. In einem der alten Gebäude zeigt mir Arek einen kleinen Schlitten aus der Zwischenkriegszeit. „Solche Schlitten“, meint er lachend, „hat man damals in der Flugzeugfabrik im unweit gelegenen Biała Podlaska hergestellt. Hätte man sich mehr auf den Flugzeugbau konzentriert, hätten die Polen vielleicht den Krieg nicht verloren!“

Ob er noch Ziele habe, frage ich ihn, und die Antwort kommt prompt. Eine russische Sauna möchte er bauen, wenn es geht, noch in diesem Jahr. Damit der Winter für die Gäste noch attraktiver wird. Nach dem Abendessen verabschiedet er sich. Die Verwaltung ruft, sagt er und steigt auf sein Fahrrad. Am Lenkrad hängt ein Schlüsselbund mit geschätzt 50 großen Schlüsseln dran. Das Gleichgewicht hält er trotzdem, während er über den holprigen Weg im Wald verschwindet. Ich dagegen steige die knarzenden Stufen des Pfarrhauses hinauf in mein Zimmer und greife zur Fernbedienung des Fernsehers. Aber irgendetwas hemmt mich, den Knopf zu drücken. Es passt einfach nicht. Und die Vorstellung, auch nur versehentlich in irgendeine neuzeitliche Spaßshow zu zappen, lässt mich schaudern. Nein. Nicht hier. Und nicht jetzt. Und so lege ich mich schlafen, ziehe die Beine an, und suche nach Träumen, die mich kleiner machen. Oder die Betten größer …

Wo Pferde sich lieben müssen

Zugegeben, ich verstehe nichts von Pferden. Deshalb habe ich gezögert, das weltberühmte Gestüt in Janów Podlaski in meine Reiseroute aufzunehmen. Was könnte man da schon sehen? Ein paar Pferde, Ställe, Reiter in engen Hosen und hohen Stiefeln … Doch wenn sich selbst Charlie Watts von den Rolling Stones auf die mühselige Reise hierher in den äußersten Osten Polens begibt, um für seine Frau alljährlich ein Pferd zu kaufen, dann wird das schon seine Gründe haben. Also mache ich mich auf nach Janów Podlaski, besser gesagt, ins zwei Kilometer von dort entfernte Dorf Wygoda, um dem berühmten Gestüt einen Besuch abzustatten. Ich stelle mein Auto vor dem Gästehaus ab, das schon von außen das Flair ehemals kommunistischer Massenherbergen versprüht und mit Sicherheit mal bessere Zeiten gesehen hat. Doch wer hierher kommt, tut dies nicht wegen der Qualität der Unterkunft. Wer hier übernachtet, will den Pferden möglichst nah sein oder als Erster bei den alljährlichen Auktionen erscheinen. Das Hotelambiente spielt da keine Rolle.

Als ginge es darum, ein wenig Abstand zu schaffen zwischen dem alten Gästehaus und dem historischen Ambiente des Gestüts, führt mich eine große Baumallee aus der menschlichen Welt in ein wahres Paradies für Pferde. Die ganze Anlage gleicht einem prächtigen Park, auf dessen Wiesen unter den Bäumen Pferde grasen und dessen architektonisch eindrucksvolle Stallbauten die Blicke auf sich ziehen. Sie stammen noch aus der Mitte des 19. Jahrhunderts und wurden von dem bekannten Architekten Henryk Marconi gebaut, erklärt mir Danuta, die mich durch die Anlage führt. Als Gründungsjahr für die Pferdezucht gilt das Jahr 1817, als unmittelbar nach dem Wiener Kongress diese älteste staatliche Pferdezucht Polens mit Genehmigung des russischen

Zaren Alexander I. ins Leben gerufen wurde. Die Napoleonischen Kriege hatten zu einer ziemlichen Pferdeknappheit geführt und offenbar hoffte Alexander auf Nachschub für seine Soldaten. Jedenfalls steuerte er selbst gleich ein paar wertvolle Pferde als Geschenk bei. Und obwohl später die beiden Weltkriege den Pferden übel mitspielten und sie mehrfach in alle Welt zerstreut wurden oder verlegt werden mussten, gelang es dennoch, die Zucht bis heute fortführen zu können.

Eigentlich dürfen Besucher in die Stallungen nicht hinein, meint Danuta, aber bei mir macht sie eine Ausnahme. Wahrscheinlich hat sie schnell erkannt, dass meine Pferdekompetenz derart unterdurchschnittlich ist, dass von mir keine Gefahr ausgeht. Allein meine Frage, was denn die beiden hier gezüchteten Vollblutaraber und Anglo-Araber unterscheidet, lässt sie schmunzeln. Die meisten Besucher wissen das. Aber sie erklärt es mir trotzdem geduldig. Die Vollblutaraber sind kleiner und in der Regel grau. Außerdem unterscheiden sich die Pferde durch die Kopfform.

Während sich links und rechts von mir neugierig die Köpfe der Pferde an den Gitterstäben reiben, muss ich mir eingestehen, dass ich selten so schöne Tiere gesehen habe. An diesem Ort scheinen sich alle Topmodels der Pferdewelt auf einmal versammelt zu haben. Über jedem Pferd hängt eine kleine Tafel, worauf dessen Name, darunter der der Mutter und der des Vaters stehen. Dabei ist es ein ungeschriebenes Gesetz, dass der Name des Pferdes mit dem gleichen Buchstaben beginnt wie der Name der Mutter. So heißt die Mutter von Allegra Alena, von Pilot Pipi. Danuta erklärt mir, dass sich die Namen der Araberpferde die Besitzerin höchstpersönlich ausdenkt, bei den Anglo-Arabern macht das hingegen die Verwaltungschefin. Damit wird mir auch ohne Nachfrage klar, wie die Hierarchie ist. Diese drückt sich auch im Proporz der Rassen aus, denn von den 500 Pferden hier sind 350 Vollblutaraber und nur 150 Anglo-Araber. Nachdem meine erste Neugierde gestillt ist, fällt mir auf, dass aus Lautsprechern in den Ställen moderne

Popmusik gespielt wird. Das sei zum Training, erläutert mir Danuta, damit sich die Pferde schon mal an die Geräuschkulisse von Auktionen oder Wettbewerben gewöhnen könnten. Zwar drängt sich die Frage auf, ob es beim musikalischen Geschmack der Pferde vielleicht bestimmte Vorlieben gibt, aber ich sage vorsichtshalber nichts.

Als ich Danuta frage, ob man gut reiten können muss, um hier zu arbeiten, schüttelt sie den Kopf. Nicht unbedingt. Außerdem habe sie zum Reiten kaum noch Zeit. Wichtig sei vielmehr, dass man Pferde liebe, denn sonst würde der Job zum Albtraum. Jedes Jahr kämen hier circa 100 Ponys zur Welt, alle zwischen Januar und Mai, damit noch genug Zeit bleibt für die Jungtiere, um im Sommer auf die Wiese zu kommen. Freie Liebe gibt es also nicht, alles ist genauestens geplant und organisiert. Ob's auch mal nicht so klappt mit der Liebe, frage ich vorsichtig nach, und die Antwort von Danuta lautet ganz selbstverständlich: ja. Natürlich komme nicht immer ein Pferd wie die berühmte Stute „Penicillin" ans Tageslicht, die Mitte der 80er Jahre für 1,5 Millionen Dollar den Besitzer wechselte. Da braucht es seitens des Züchters viel Gespür, Kenntnis und natürlich Glück. Der ehemalige und langjährige Direktor des Gestüts, Andrzej Krzyształowicz, war so jemand, der mit einem außergewöhnlichen Instinkt arbeitete und fast immer genau zu wissen schien, wer zu wem passte, damit ein Weltklassepferd geboren wurde. Das Gestüt habe ihm viel zu verdanken, erzählt Danuta. Kopfform, Körperbau, Beine, Bewegung, es muss schlichtweg alles stimmen, um der genauen Prüfung der Käufer, die aus aller Welt, vor allem aber aus Amerika, Europa und dem Nahen Osten, kommen, bei den Auktionen standhalten zu können. Und wer es nicht schafft, als Topmodel, Rennpferd, Sportpferd oder Zugpferd einen Käufer zu finden, wird nach vier Jahren kastriert und günstig abgegeben. Viele Pferde verbringen ihr weiteres Leben dann mit Ferien auf dem Bauernhof. Der Alltag der Pferde hier ist also hart. Doch wer Karriere macht, kann sogar darauf hoffen, einen Grabstein auf dem hauseigenen Friedhof zu bekommen, den mir Danuta stolz präsentiert. Die Pferde, die hier liegen, haben es geschafft, der Tierverwertung zu entgehen, um mitten im Paradies die ewige Ruhe zu finden.

Wir spazieren noch eine Weile über das Gelände und mir bleibt viel Zeit, diese wendigen und eleganten Vierbeiner beim Spielen und Grasen auf den Wiesen zu beobachten. Nur eine Art Karussell macht mir Sorgen, in das einige der Pferde eingespannt sind, die missmutig ihre Runden drehen. Von Danuta erfahre ich, dass es sich dabei um männliche Artgenossen handelt. Auf der Wiese würden sie sich beißen und bekämpfen, deswegen müssen sie auf diese Weise ihren Freigang verbringen.

Am Ende des Rundgangs habe ich viel gelernt. Den Unterschied zwischen Vollblutarabern und Anglo-Arabern, wie man ein teueres Pferd erkennt und dass es mit der freien Liebe in Zuchtverhältnissen nicht weit her ist. Außerdem ist es ein großer Vorteil, als Araberstute auf die Welt zu kommen, denn dann bekommt man den Namen von der Chefin verliehen und muss nicht im Karussell zwanghaft im Kreis laufen. Außerdem ist nicht jedem Pferd eine Karriere vergönnt. Mit krummen Beinen, schiefer Nase oder dickem Bauch geht die Chance gegen null. Dann heißt es buckeln für die Kinder aus der Stadt, die in den Ferien ihre Runden drehen wollen. Wahrscheinlich der Albtraum eines jeden Pferdes. Und die Sehnsucht nach dem Paradies, das man dafür verlassen musste, dürfte dann unstillbar sein.

Ein Leben am Grenzfluss

Auf einer einsamen Landstraße führt mich mein Weg von Janów Podlaski nordwärts. Es ist noch früh am Morgen und selbst die Häuser scheinen sich noch den Schlaf aus den Fenstern zu reiben. Menschen sehe ich keine. Aber dafür Störche. In einem Ort, der sich nur aus ein paar alten Häusern links und rechts der Straße zusammensetzt, halte ich an, um sie zu fotografieren. Auf fünf aufeinanderfolgenden Strommasten steht je ein Nest, aus dem sich die hungrigen Hälse der Jungstörche recken. Ab und zu kommt ein Elternteil von der Jagd zurück mit der sehnlich erwarteten Mahlzeit im Schnabel. Die Lebensbedingungen für Störche sind hier ideal. Nur ein paar Meter weiter erstrecken sich die weiten Wiesen am Ufer des Bugs, auf denen sich Unmengen von Fröschen, Mäusen, Schlangen und anderen Leib- und Magengerichten herumtreiben. Der Lebensmittelladen liegt sozusagen vor der Haustür.

Ich fahre die Landstraße noch ein Stück weiter, stelle mein Auto ab und laufe in den Wald hinein zu einem hochgelegenen Aussichtspunkt. Dann liegt er vor mir, der Fluss Bug, den ich bislang nur als abstrakte Grenzlinie aus dem Geschichtsunterricht kannte. Nach dem Hitler-Stalin-Pakt bildete er einen Teil der Demarkationslinie zwischen dem Deutschen Reich und der Sowjetunion, heute trennt er die Ukraine und Weißrussland von Polen und bildet damit seit dem Jahr 2004 zugleich die Außengrenze der Europäischen Union. Die Grenzfunktion hat ihn in seiner Wildheit belassen, eine Begradigung kam aus politischen Gründen nie in Frage. Und so verliert sich dieser streckenweise gewaltige Strom in den Weiten der Natur, wirkt zuweilen wie ein Bach, der einfach zu groß auf die Welt gekommen ist.

Von meinem Aussichtspunkt aus kann ich in der Ferne die weißrussischen Wälder sehen. Auch jene Biegung, an der der Fluss seine Aufgabe als Grenzfluss verlässt und sich mir zuwendet, an mir vorüberzieht Richtung Westen, weiter gen Warschau, um dort, nahe der Stadt, in den Fluss Narew zu münden. Während an der Grenze zu Weißrussland eine Überquerung des Flusses fast unmöglich ist, nutzen ihn tief unter mir schon Einheimische als Badegelegenheit. Ich fahre ein Stück zurück und biege auf der Höhe des Ortes Mielnik auf einen Schotterweg ein, der zur Fähre führt. Tatsächlich stehen hier ein paar Autos, aber über den Fluss will keines davon. Sie gehören den Einheimischen, die sich auf der Wiese zum Baden und Grillen niedergelassen haben. Auch ich wage den Versuch und steige ins kühle Nass, doch nach wenigen Minuten komme ich wieder an Land. Die Strömung dieses scheinbar gelangweilt vor sich hindösenden Stromes ist stärker als ich dachte, und schon nach wenigen Zügen muss ich fürchten, mein Auto aus dem Blickfeld zu verlieren. Außerdem ist das Wasser so warm und schmutzig, dass die sich aufdrängenden Fragen über die Ursache mir den Badespaß verderben.

Mittlerweile hat die Fähre am Ufer angelegt und ich muss fast in den Wald ausweichen, um auf dem schmalen Weg einem abfahrenden Transporter Platz zu machen. Dann fahre ich selbst auf die Fähre, die unter Ausnutzung der Strömung über Rollen und ein Seil den Weg zum anderen Ufer findet. Vielleicht hundert Meter mag der Fluss hier breit sein, meine Überfahrt dauert zehn Minuten. Ab und zu hilft Dariusz, der Fährmann, mit einer Art übergroßem Holzzepter dem Gefährt ein wenig auf die Sprünge. So geht's schneller, sagt er, während er damit eine Kurbel dreht. Früher, so erzählt er, bestand die Fähre aus Holz und die Transporttechnik war noch nicht ganz ausgereift. Sein Vorgänger sei hier noch ertrunken. Überhaupt sei die Strömung des Flusses tückisch und das Baden nicht ungefährlich. Viele bekämen von dem schmutzigen Wasser einen sonderbaren Ausschlag. Ob man als Fährmann hier überleben könne, frage ich ihn, bevor mir bewusst wird, dass sich die Antwort von selbst ergibt. Zwei Monate gibt es hier halbwegs

Verkehr, meint er, dann ist Schluss. Im Winter geht er anderen Arbeiten nach. Irgendwie kommt man schon durch.

Am anderen Ufer angekommen zahle ich ihm umgerechnet zwei Euro fünfzig für die Überfahrt. Ich kann mir nun selber ausrechnen, wie vieler Autos es bedürfte, um auf diese Weise einen bescheidenen Lebensunterhalt bestreiten zu können. Doch obwohl die Arbeit in dieser Hitze anstrengend und schlecht bezahlt ist, macht sie Dariusz Freude. Es geht eben nicht immer nur ums Geld. Und die Fähre, da ist er sich sicher, würde er gegen keinen PC der Welt eintauschen. Schließlich brauche er sie für sein Leben auf dem Fluss.

Białowieża-Nationalpark

Ein Urwald ohne Tiger

Es gibt Reiseziele in Ostpolen, von denen dann doch der eine oder andere schon mal irgendwie gehört hat. Der Urwald des Białowieża-Nationalparks gehört mit Sicherheit dazu. Fast jeder meiner Freunde hat mich darauf angesprochen. Nur darauf. Ostpolen? Urwald! Und irgendwie will dann jeder da auch mal hin. Nur dorthin. Schließlich handelt es sich bei diesem Urwald um die „natürliche Lunge Polens" und den einzigen Urwald in Europa. Genau genommen um das größte zusammenhängende Urwaldgebiet im europäischen Tiefland. Wo sonst also bekommt man schon die Gelegenheit, mal einen echten Urwald zu bestaunen?

So sind meine Erwartungen entsprechend hoch, als ich mein Ticket im Parkbüro löse und meine Führerin Marysia begrüße. Mal einfach so allein durch den Urwald schlendern geht nicht. Wer rein will, braucht einen Guide. Und zwar keineswegs deshalb, um mit dessen Hilfe möglichen Tiger- oder Schlangenangriffen vorzubeugen, sondern schlichtweg um sicher zu stellen, dass der Besucher im strengen Schutzgebiet keinen Schaden anrichtet. Dass er keinen Müll hinterlässt, auf den Wegen bleibt, sich keine Zigaretten anzündet.

Der Rummel auf dem Vorplatz am Haupteingang des Parks wird dem Ort wenig gerecht. Überall stehen kleine Souvenirbuden, bieten Kutscher ihre Dienste an oder laden wenig idyllische Restaurants zum Schnellimbiss ein. So bin ich froh, als wir uns endlich auf den Weg machen durch ein kleines Tor über eine Brücke, weiter durch einen Vorpark in Richtung Urwaldreservat. Bereits im 14. Jahrhundert befand sich auf diesem Gelände ein kleines Schlösschen mit einem weißen Turm, das einem litauischen Fürsten gehörte. „Weißer Turm" heißt auf Polnisch „biała wieża", wovon der Nationalpark, der 1921 als erster seiner Art in Polen gegründet wurde und sich auch auf das Nachbarland Weißrussland erstreckt, seinen Namen ableitet.

Der Weg zum so genannten „Strengen Schutzgebiet“ ist länger als vermutet und ich beginne allmählich zu verstehen, warum mich die Kutscher am Eingang zum Park so heftig umworben haben. Doch Marysia ist schon seit vielen Jahren hier tätig und weiß, wie man die Zeit überbrückt. Ohne Punkt und Komma erzählt sie mir stakkatoartig die wichtigsten Daten zum Park, zählt reihenweise Tiere und Pflanzen auf, die hier zu finden sind, und übersetzt jede Bezeichnung aus dem Polnischen ins Deutsche und Lateinische. Ihre Ausbildung als Germanistin und Grundschullehrerin ist unverkennbar, nur unterbrechen darf ich sie nicht, das bringt sie aus dem Konzept. Auf diese Weise erfahre ich, dass der Wald schon im 14. Jahrhundert unter König Władysław Jagiełło als Jagdrevier geschützt und nur ausgewählten Gästen vorbehalten war. Auch politische Prominenz wie König August III. oder Zar Alexander III. nahm an Jagden teil. Nach 600 Jahren Urwaldgeschichte à la Marysia und mindestens einem Kilometer Fußmarsch durch freie Wildbahn stehen wir endlich vor dem ersehnten Holztor, das mich hineinführt in die Tiefen des Waldes. Die Neugier steigt und mit ihr mein Pulsschlag. Was erwartet mich in so einem Urwald? Tiger und Schlangen kaum. Wilde Pflanzen, die nach mir schnappen? Wohl auch nicht. Riesige Bäume? Vielleicht. Mit Sicherheit aber jede Menge Mücken.

Der erste Eindruck nach dem Schließen des Tores ist eher ernüchternd. Einen Urwald hatte ich erwartet. Einen Wald bekomme ich nun zu sehen. Es ist ein schöner Wald mit großen und vor Kraft strotzenden Bäumen. Er macht sogleich Lust darauf, die Wege zu verlassen, um irgendwo wild zwischen den Bäumen und Sträuchern nach Pilzen zu suchen. Aber wo steckt das „Ur“? Marysia hat meine Enttäuschung natürlich schnell bemerkt. Mit Sicherheit bin ich nicht ihr erster Gast, der in diesem Moment etwas hilflos dreinschaut. „Die Leute glauben immer, hinter dem Tor bekämen sie eine Machete in die Hand gedrückt, um sich dann in dichtem Geäst und buschigem Blattwerk mal richtig austoben zu dürfen“, erzählt sie mir in einem Anflug von Humor. „Urwald bedeutet hier nichts anderes, als dass man diesen Wald seit Jahrzehnten in Ruhe lässt“, erklärt sie. „Niemand rührt hier etwas an, niemand jagt mehr etwas. Und sollte wirklich mal ein Baum aus Sicherheitsgründen gefällt werden müssen, kommt eine ganze normale Holzsäge zum Einsatz, denn der Lärm elektrischer Sägen würde die Tiere erschrecken.“ Ich nicke nach jedem Satz einsichtig. Schließlich wage ich doch die Frage, welches das gefährlichste Tier gewesen sei, dass sie jemals bei einer Wanderung durch das Gebiet gesehen habe. Gefährlich könne man eigentlich nicht sagen, antwortet sie mir, denn alle größeren Tiere, wie Wölfe, Wildschweine oder auch das berühmte, hier in freier Wildbahn lebende Wisent, seien scheu und man bekäme sie nur selten zu Gesicht. Aber einmal habe sie einen Luchs gesehen, morgens, gegen 5 Uhr.

Durch diesen Wald darf man nicht mit aufgerissenen, erwartungsvollen Augen spazieren. Seine Besonderheit spiegelt sich in den Details. Und so bremst Marysia meinen schnellen Schritt, zeigt mir Stämme, die an Baumkrebs leiden und Geschwüre aufweisen, Bäume, die sich winden, um durch den dichten Bewuchs ans Licht zu gelangen, kleine regelmäßige Lochreihen in der Rinde, die von jungen Spechten stammen, die die Nahrungssuche üben. Wir finden auch Spuren des Borkenkäfers, den die Bäume mit vermehrtem Ausstoß von Harz zu bekämpfen versuchen und daran sterben. „Weinende Bäume“, nennt sie Marysia und zeigt mir einen abgestorbenen Stamm. Überhaupt ist das viele herumliegende tote Holz ein besonderes Merkmal des Waldes, denn niemand räumt hier auf oder greift anderweitig ins Waldleben und -sterben ein. In den letzten Jahren gab es eine große Diskussion, das Schutzgebiet des Urwalds zu vergrößern, doch zu viele Menschen dieser Region leben von dem Holz, brauchen den Wald als Existenzgrundlage. Eine Erweiterung würde das ohnehin schon schwierige Überleben im Umfeld des Waldes noch verschlimmern.

Während mir Marysia von Kiefern, kanadischen Tannen, Hainbuchen, Zitterpappeln und mehrere Hundert Jahre alten Eichen erzählt, deutet sie ab und zu, ohne den Blick zu senken, auf den Boden. Mal ein Käfer, mal eine Spinne, mal ein Frosch oder eine seltene Beere. Immer nennt sie mir den Namen und die Besonderheit des Exemplars, um dann übergangslos im ursprünglichen Text fortzufahren. Manchmal zeigt sie, ohne den Kopf zu heben, in die Luft und weist mich auf einen Schreiadler oder eine Rotdrossel hin. Ich weiß nicht, wie sie all die Kleinigkeiten sieht, ohne den Kopf zu bewegen. Mitunter habe ich den Eindruck, alle Einwohner des Waldes wüssten, was sie zu tun hätten, wenn sich Marysia ihnen nähert. An einem der Bäume zeigt sie mir die eingeritzten Namen von Imkern, die hier im 19. Jahrhundert Honig ernteten. „Im Norden Deutschlands nennt man sie Beutner, im Süden Zeitler", kommentiert Marysia, ohne den Tonfall zu verändern. Ich kenne beide Begriffe nicht und schäme mich allmählich meiner mangelden Deutschkenntnisse. Schließlich halten wir vor einem gewaltigen Stamm inne, der am Boden liegt und geschätzte 700 Jahre alt ist. Die Jagiello-Eiche, sagt Marysia, und fast hätte ich ein Kreuzzeichen gemacht.

Nach vielen kleineren Pfaden durch den Wald und seine Sumpfgebiete betreten wir schließlich einen größeren Weg, den Fronarbeiter bereits im 14. Jahrhundert von Hand angelegt haben, damit die herrschaftlichen Kutschen im Wald herumfahren konnten. Plötzlich erblicke ich rechts von mir im Gebüsch drei von Holzbalken umrahmte Gräber mit Kreuzen, doch Marysia erwähnt sie zunächst nicht. Erst als ich sie anspreche, erklärt sie mir, dass dies Gräber von polnischen Widerstandskämpfern aus dem Zweiten Weltkrieg seien, die sich hier versteckten und in den Jahren zwischen 1941–44 von deutschen Soldaten ermordet wurden. Eine Gedenktafel erinnert an diese Ereignisse, die für Marysia offensichtlich nur eine kleine Episode darstellen in der sich über die Jahrhunderte ziehenden Geschichte des Waldes. Sie lebt schon in den Zeitkategorien der Natur, nicht der Geschichte.

Nach acht Kilometern Fußmarsch und weniger Mückenstichen als gedacht erreichen wir wieder das Holztor am Eingang des Schutzgebietes. Beim letzten Blick zurück scheint mir der Wald plötzlich ein anderer zu sein, in keiner Weise vergleichbar mit den Bonsaiwäldern bei mir zu Hause. Dieser Wald steht erhaben über allem, weil er in weiten Teilen in Ruhe gelassen wird. Und er dankt es den Besuchern des begehbaren Sektors des Schutzgebietes mit vielen kleinen und wunderbaren Facetten der Natur. Natürlich, es hat ein wenig gedauert, bis ich von Marysia gelernt habe, die Besonderheiten dieses Waldes zu lesen und zu verstehen. Doch ein erster Schritt ist getan, und nun bedarf es weder der Machete noch eines Tigers, dass ich diesem Wald das „Ur" zubillige. Er hat mich überzeugt. Und ich werde wiederkommen. Als kleiner flüchtiger Falter im Schatten der alten Bäume.

Der Wisent – König des Urwalds

Es bedarf keinerlei Polnisch-Kenntnissen, um schon wenige Minuten nach der Ankunft im Białowieża-Nationalpark zu wissen, wie der König dieses Urwalds hier heißt: „Żubr“. Überall springt mir dieses Wort in großen Lettern entgegen. Als Biermarke auf den Schirmen der Restaurants, als Wodkaname von den Flaschen in den Regalen der Supermärkte, als Name von Hotels und Pensionen und, natürlich, als Werbeträger von den Auslagen der Souvenirstände vor dem Parkeingang, wo sich mir die Plüsch-Żubry in allen erdenklichen Größen und Preislagen präsentieren. An „Żubr“, also dem Wisent, führt im Białowieża-Nationalpark kein Weg vorbei. Viele Besucher kommen auch nur deswegen hierher, um wenigstens einmal in ihrem Leben in einem Wald spazieren gegangen zu sein, in dem ihnen ein Wisent in freier Wildbahn über den Weg laufen könnte.

Zugegeben, auch ich habe während meines Spaziergangs durch den Urwald auffällig häufig und angestrengt in die Tiefe des Dickichts geblickt, um vielleicht doch irgendetwas wahrzunehmen, was groß und zottelig ist und zwei Hörner hat. Doch die Wahrscheinlichkeit, vom Blitz getroffen zu werden, dürfte wieder einmal höher liegen als eine solche Begegnung mit einem der 400 hier frei lebenden größten Wildtiere Europas, die eng verwandt mit dem amerikanischen Bison sind. Abgesehen davon bin ich mir gar nicht so sicher, ob diese Bekanntschaft mit 1000 kg Fleisch auf vier Beinen für mich so von Vorteil gewesen wäre. Schließlich sollen diese auf den ersten Blick träge wirkenden Tiere weitaus schneller und wendiger sein, als man es ihnen zutrauen möchte. Doch allein die Vorstellung, mit ihnen den Wald zu teilen, hat einen nicht unerheblichen Einfluss auf das prickelnde Gefühl, sich in einem Urwald zu befinden.

Schon im Mittelalter stand der Wisent unter einem besonderen Schutz der polnischen Könige und nur ausgewählten Gästen war es erlaubt, sich als Jäger mit diesem Tier zu messen. So haben sich kurz hinter dem Parkeingang König August III. und sein Gefolge in Form eines Obelisken verewigt, der an eine Jagd im Jahr 1752 erinnert, bei der es gelang, 42 Wisente zu erlegen. Wer dagegen damals einfach sein Glück versuchte und hier ohne Genehmigung wilderte, wurde selbst zum Opfer des Gesetzes. Auf Wilderei stand die Todesstrafe.

Obwohl Mitte des 19. Jahrhunderts in dem Waldgebiet noch fast 2.000 Stück dieses Großwilds gezählt wurden, musste man bereits im Jahr 1919 die Überreste des letzten hier frei lebenden Wisents beseitigen, der von einem Wilderer erlegt worden war. Der Erste Weltkrieg hatte diesbezüglich ganze Arbeit geleistet und es bedurfte vieler Jahrzehnte, um die heutige Anzahl der Tiere wieder zu erreichen. Ein besonderes Verdienst kam dabei einem Bullen namens Plisch zu, der 1936 aus Pless nach Białowieża gebracht worden war und von dem fast alle der heute im Urwald lebenden Tiere abstammen. Kein Wunder, dass die Tiere als eher kränklich und schwach gelten und die Bemühungen weitergehen, in der nahe gelegenen Zuchtstation den Genpool der Population zu erweitern.

Da es sich anscheinend herumgesprochen hat, dass die tatsächliche Begegnung mit einem Wisent hier eher unwahrscheinlich ist, die Touristen aber durchaus einen Anspruch darauf haben sollten, diesem Tier auch mal leibhaftig gegenüberstehen zu dürfen, kann man wenige Kilometer vom Parkeingang entfernt ein Freigehege besuchen, wo ich zehn dieser Exemplare beim Grasen zuschauen kann. Wie bei einem öffentlichen Training von Bayern München stehen die Touristen am Zaun und knipsen sich die Speicherchips voll mit den wuscheligen Köpfen der Akteure, die eher gelangweilt als ambitioniert versuchen, ihre 60 Kilo Pflanzenration pro Tag in sich hineinzuschaufeln. Trotzdem, ich bin ganz froh über den Zaun und versuche ebenfalls mein Glück mit der Linse. Das ist er also, jener König von Białowieża, dessen Namenszug allgegenwärtig scheint und ohne den die Berühmtheit des Parks sicher nur halb so groß wäre. Dabei hätte ich mir das Tier in dieser Umgebung auch in jedem mittelgroßen Zoo in Deutschland anschauen können. Interessanter scheint mir da schon eine sonderbare Zuchtform des Wisents, die ich ein Gehege weiter bestaunen kann und die sich „Żubron“ nennt. Irgendein findiger Züchter kam Mitte des 19. Jahrhunderts auf die Idee, ein Wisent mit dem Hausrind zu kreuzen, was noch größere und schwerere Exemplare zur Folge hatte. Doch offenbar stand schon bald sowohl der Sinn als auch der Nutzen dieser Kreuzungsart in Frage, so dass die Zucht später wieder eingestellt wurde.

Zurück am Haupteingang des Parks, bin ich ein wenig überrascht, als ich in einem der Restaurants tatsächlich den Żubr auf der Speisekarte finde. Als ich darüber hinaus an der Kasse eine Broschüre erwerben kann mit dem Titel „Der Wisent – ein Relikt vergangener Epochen“, stürzt mich dieses Angebot in einen nicht unerheblichen Gewissenskonflikt. Doch schließlich siegt meine Neugier über den Anstand und ich lasse mir den König des Urwalds servieren. Das Fleisch ist eher zäh und süßlich, wobei ich nicht zu entscheiden vermag, ob es an der Küche oder am Tier liegt. Wie dem auch sei, ich glaube nicht, dass der Wisent Gefahr läuft, aus kulinarischen Gründen auszusterben. Mehr Sorgen bereitet mir schon der offene Kofferraum eines Kombis, aus dem ein Händler für mehrere Hundert Euro Felle der Tiere anbietet. Doch das Interesse der Kunden hält sich in Grenzen und auch ich bevorzuge eine billige Wisent-Plüschvariante „Version Kindertasche“ mit Reißverschluss und Henkel. Wenigstens meine Kinder sollen wissen, wem ich in dieser Gegend mit etwas Glück hätte begegnen können. Und dann werden sie mich mit großen Augen bewundernd anschauen und sagen, dass sie da auch mal hin wollen. Oder sie werden sich beschweren, dass der Reißverschluss klemmt und der Henkel zu kurz ist zum Umhängen. Egal. Auf jeden Fall lernen sie ihn auf diese Weise kennen, den König von Białowieża.

44

Im „Land der offenen Fensterläden"

An der Landstraße nördlich des Ortes Narew nimmt die Dichte der Storchennester zu. Und auch die Architektur der Dörfer hat sich dieser Idylle angepasst. Würde man mich hier aussetzen und fragen, wo ich mich zu befinden glaube, die Antwort wäre eindeutig: Russland. Auch wenn die weißrussische Grenze noch einige Kilometer weiter östlich liegt, ist der Einfluss russischer Architektur hier im Narew-Tal unübersehbar. So reiht sich im Dorf Trześcianka links und rechts ein kunstvoll bemaltes Holzhaus an das andere. Sowohl die Dachunterkanten als auch die Wände und Fensterläden strahlen in bunten Farben und sind mit filigranen Holzmustern versehen. „Laubsägenstil" wird diese Art der Verzierung genannt, den die hier ansässigen Bewohner aus Russland mitgebracht haben, wohin viele ihrer Vorfahren während des Ersten Weltkriegs zwangsumgesiedelt waren. Einige der Häuser haben kein Fenster zur Straße, weil sich auf dieser Seite traditionell die unbeheizten Lagerräume für Lebensmittel befanden, während die Wohnräume zum Garten hinausgingen.

Doch nicht nur die Architektur der Dörfer macht diese Gegend so einzigartig, sondern auch die damit verbundene Tatsache, dass in dieser Region ein großer Teil der weißrussischen Minderheit in Polen lebt. Schon von ferne kann man die orthodoxen Kreuze auf den silbernen Kuppeln der großen Holzkirche in Trześcianka erkennen, die die Glaubensrichtung der Menschen hier sichtbar machen.

Nachdem ich die Kirche zum dritten Mal umrundet habe, kommt einer der Bauarbeiter von der gegenüberliegenden Straßenseite zu mir herüber. Ob ich hineingehen möchte, fragt er mich, und noch bevor ich antworten kann, stellt er sich mir als der hiesige Pfarrer vor. Ein Pfarrer in Baumontur und Handschuhen. Ich versuche, mir meine Verwunderung nicht anmerken zu lassen, und bedanke mich für das Angebot. Während Pfarrer Jerzy die Kirche aufsperrt, erzählt er mir, dass im Dorf Trześcianka nur noch 100 Menschen leben. Vor 20 Jahren seien es noch 500 gewesen, doch die meisten, vor allem die jungen, suchten ihr Glück entweder in Białystok, wo sich das Zentrum der weißrussischen Minderheit befindet, oder gleich im Ausland. Viele der Häuser stünden deshalb leer, in den anderen lebe meist nur eine einzelne ältere Person. Als ich nachfrage, wie dann die Zukunft von Trześcianka aussähe, schaut er ratlos. „Einige der Häuser hier, aber auch in den umliegenden Dörfern, wurden von Warschauern als Sommerhaus gekauft. Vielleicht kommt ja jemand auf die Idee, ein Freilichtmuseum aus ihnen zusammenzustellen."

Die Kirche, die Mitte des 19. Jahrhunderts gebaut wurde, ist innen mindestens so bunt wie außen. Vor blauen Wänden steht eine modern anmutende Ikonostase, auf der unschwer der Erzengel Michael zu erkennen ist, dem die Kirche geweiht ist. „Fast alle Einwohner hier sind orthodox und pflegen weißrussische Traditionen", erläutert Pfarrer Jerzy. Aber als Weißrussen würden sie sich nicht bezeichnen, weil sie sich längst als Polen fühlten und auch nur polnisch sprächen. So ist es wenig verwunderlich, dass die Zahl der weißrussischen Minderheit in Polen zwischen 50.000 und 300.000 Mitgliedern schwankt, je nachdem, ob allein der orthodoxe Glaube als Kriterium angesehen wird oder auch das Bekenntnis zur weißrussischen Identität vorhanden sein muss. In Trześcianka jedenfalls gibt es nur noch zehn Kinder, die die weißrussische Schule besuchen. „Leider werden hier fast nur noch Beerdigungen zelebriert, an die letzte Hochzeit kann ich mich kaum noch erinnern", bedauert Pfarrer Jerzy, als wir die Kirche wieder verlassen und ich mich verabschiede.

Dieses Dorf stimmt mich traurig, weil ich das Gefühl habe, ihm beim Sterben zusehen zu müssen. Aber den umliegenden Dörfern geht es nicht anders. Wie Trześcianka zählen auch die Dörfer Puchły, Soce und Ciełuszki zum selbsternannten *Land der offenen Fensterläden*, weil sich die Menschen hier fern vom Trubel der Zivilisation ihre innere und äußere Ruhe bewahrt haben und in ihren architektonischen Kunstwerken leben können, ohne selbige zur Schau stellen zu müssen. Kaum ein Tourist findet den Weg hierher, es gibt nicht einmal eine richtige Straße. Ab und an treffe ich ältere Menschen, die alleine oder in Gruppen auf Bänken schweigend vor ihren Häusern sitzen. Manche winken mir zu, andere beachten mich gar nicht. Das Glück, eine solche Region im heutigen Europa noch erleben zu dürfen, mischt sich mit der Traurigkeit, die mit der Gewissheit verbunden ist, dass hier wohl nichts eine Zukunft hat. Weder die Menschen, die nicht mehr lange zu leben haben, noch die Häuser, die zunehmend verfallen werden, wenn sie keiner mehr bewohnt.

Etwas weiter nördlich, im Dorf Krynki, direkt an der weißrussischen Grenze, besuche ich den Schriftsteller und Publizisten Sakrat Janowicz. Früher war er ein Kämpfer und Aktionist für den Erhalt und die Pflege des weißrussischen Nationalbewusstseins in der Region. Heute hat er sich zurückgezogen, den Kampf aufgegeben. Er beschäftige sich nur noch mit der weißrussischen Kultur, nicht mehr mit den Menschen, erzählt er mir, denn die wollten keine Kultur, nur Brot. Die wenigsten hier würden sich noch zur weißrussischen Identität bekennen. Entweder seien sie schon zu stark assimiliert oder sie litten unter Ängsten und Minderwertigkeitskomplexen, die noch aus der Zeit des Kommunismus herrührten, als das Weißrussische stark diskriminiert worden war. Deshalb sei es auch nicht verwunderlich, wenn es hier, im Gegensatz zu den Gebieten mit anderen, selbstbewussteren Minderheiten in Polen, keine zweisprachigen Ortsschilder gäbe. „Keiner braucht sie, keiner will sie mehr“, meint Janowicz. Stolz zeigt er mir einige seiner Publikationen sowie noch bestehende Zeitungen und Zeitschriften in weißrussischer Sprache. Die Redaktionen, aber auch die weißrussischen Gesellschaften bekämen Geld aus Weißrussland, glaubt er. Andere weißrussische Aktivitäten würden auch von der orthodoxen Kirche unterstützt. Diese wolle den Glauben hier stärken, die Menschen an sich binden. Aber zur Rettung der Identität reiche das nicht. Zu stark dränge es die Menschen in die Stadt, zu alt und zu schwach seien diejenigen, die blieben. Und so lebt Janowicz heute zurückgezogen zwischen seinen Büchern, pflegt das weißrussische Erbe der Region auf seine Art. Den Humor aber hat er noch nicht verloren, sein Lachen, seine Freundlichkeit. Noch während ich schon im Auto sitze, um die Region, ihre Häuser und Menschen hinter mir zu lassen, sehe ich immer wieder seine Augen vor mir. Wie sie Fröhlichkeit vorgeben, in der Tiefe aber eine Traurigkeit ausstrahlen, die derjenigen ähnelt, die auch ich im *Land der offenen Fensterläden* empfunden habe.

ІНЦІ
ГРАБАРКА

Der Heilige Berg der Orthodoxen

Wenige Kilometer östlich des Ortes Siemiatycze, unweit des Flusses Bug, der sich hier schon seiner Grenzfunktion entledigt hat und Richtung Westen zieht, stoße ich in einem Waldgebiet auf den Heiligen Berg in Grabarka. Für die orthodoxen Gläubigen in Polen hat dieser Ort eine ähnliche Bedeutung wie der Helle Berg in Tschenstochau für polnische Katholiken. Er ist ihr wichtigster Wallfahrtsort und zugleich geistiges Zentrum, vielleicht auch eines der letzten wichtigen Symbole weißrussischer Identität. Der Ursprung der Bedeutung des Berges geht auf eine Überlieferung zurück, die sich auf ein Ereignis Anfang des 18. Jahrhunderts beruft. Damals war die Region stark von einer Choleraepidemie betroffen und Tausende von Menschen starben. Eine Erscheinung im Jahr 1710 verhieß den Bewohnern von Siemiatycze, dass sie ihr Leben nur dann retten könnten, wenn sie sich zu einer Kultstätte auf dem nahe gelegenen Berg in Grabarka begäben. Dort fanden sich im Sommer desselben Jahres dann auch mehrere Tausend Menschen ein, um gemeinsam zu beten. Als sie die Cholera überlebten, errichteten sie zum Dank eine Holzkirche und der Ort wurde zur Pilgerstätte.

Im Gegensatz zu Tschenstochau tritt mir dieser Wallfahrtsort keineswegs majestätisch oder pompös gegenüber. Im Gegenteil, schon die Anreise durch ein Waldgebiet schafft eine Aura des Geheimnisvollen und weckt beim Besucher gespannte Erwartung. Als ich schließlich ein kleines Tor passiere, um die Anhöhe zur Kirche hinaufzulaufen, traue ich meinen Augen kaum. Tausende, um nicht zu sagen, unzählige Kreuze säumen den Weg und bedecken den gesamten Berg. Große, kleine, hölzerne, metallene, bunte, einfarbige, alte, neue, dieser Wald aus Kreuzen entzieht sich jeder Beschreibung. Ich muss aufpassen, wohin ich meine Schritte setze, um keines davon zu beschädigen. Auf vielen der Kreuze stehen in kyrillischer Schrift die Worte „Spasi i sochrani“, was so viel heißt wie „Rette und beschütze uns“. Häufig sind noch Zettel oder kleine Schilder an den Kreuzen angebracht, die, mit Namen versehen, das Anliegen des jeweiligen Wallfahrers bezeugen. Eine Gruppe Esperantisten bittet um den Weltfrieden, eine Mutter um Genesung ihrer Tochter, ein Hauptmann der Armee, der gleich seinen Stahlhelm mit ans Kreuz gehängt hat, um das Wohlergehen seiner Garnison. Die Anliegen sind so unterschiedlich wie die Kreuze selbst. Unter Letzteren entdecke ich auch viele katholische, die darauf hinweisen, dass der Wallfahrtsort längst auch von den Katholiken angenommen wurde.

Oben auf dem Berg, inmitten der Kreuze, steht eine eher schmucklose, aber dennoch unverkennbar orthodoxe Kirche, die aus Stein gebaut und mit Holz verkleidet wurde. Die ursprüngliche Holzkirche war 1990 bei einem Brand, dessen Ursache bis heute unklar ist und der tiefes Misstrauen bei der Bevölkerung ausgelöst hat, zerstört worden. Das Innere der Kirche präsentiert sich in Form eines großen, fast leeren Raumes, der über und über mit grellen Farben ausgemalt ist, die in den Augen schmerzen. Buntgemusterte Teppiche liegen unter einer ebenso farbigen, aber völlig anders gemusterten Holzdecke, von der zwei Rundleuchter herabhängen. Die Wände zieren Wandgemälde mit Motiven aus der Bibel, vorne steht eine vergoldete Ikonostase, in deren Zentrum sich eine Kopie der Ikone der Muttergottes von Georgien befindet.

Schnell zieht es mich wieder nach draußen, um erneut einzutauchen in die Faszination der Kreuze und Aufschriften, die authentischer und interessanter sind als die neu gebaute Kirche. Am 19. August, der Feier der Verklärung Christi, findet hier alljährlich eine große Wallfahrt statt. Tausende Gläubige, junge wie alte, reisen an diesem Tag aus ganz Polen an, um das mehrere Tage andauernde Fest zu begehen und die mitgebrachten Kreuze mit aller Kraft in den Boden zu rammen. Für die meisten Pilger beginnt das Ritual unten am Berg, wo sie sich in der Quelle reinigen, um sich vor Krankheiten zu schützen, oder mit mitgebrachten Taschentüchern aus Leinen wunde Stellen ihres Körpers betupfen. Nachdem sie die Taschentücher in den Sträuchern aufgehängt haben, beginnt der mühsame Aufstieg auf Knien die Treppe hinauf zur Kirche, die dann, ebenfalls auf Knien, dreimal umrundet werden muss. Viele der Pilger bleiben in Zelten über Nacht, singen und beten, wechseln sich ab mit Nachtwachen.

Über den Friedhof, auf dem sich Grabsteine sowohl mit kyrillischer als auch lateinischer Aufschrift befinden, gelange ich zu der Treppe, die hinunter zur Quelle führt. Allein die Vorstellung, diesen Weg auf Knien zurücklegen zu müssen, verursacht mir schon Schmerzen. Unten an der Quelle, deren Wasser man unter einem kleinen Kuppelbau auch in Flaschen abfüllen kann, finde ich tatsächlich noch einige Papiertaschentücher in den Büschen, allerdings habe ich Zweifel, ob sie nicht eher mangels Mülleimer als aus rituellen Gründen dort hängen. Spielt auch keine Rolle, der kleine Bach jedenfalls ist erfrischend kühl und verleiht meinen müden Füßen neue Kräfte.

Die Kirche und den Berg voller Kreuze im Rücken, verlasse ich den Ort wieder durch den kleinen Wald und bin mir lange nicht sicher, ob ich nicht doch einer Einbildung erlegen bin. Allein meine nassen Füße bürgen als Zeugen, weshalb mir der Berg wohl so in Erinnerung bleiben wird wie den meisten Pilgern: geheimnisvoll und wunderbar.

Mit dem Stakenboot über den polnischen Amazonas

Es fällt mir schwer, in dieser menschenleeren Gegend den Ort Kurowo zu finden, wo sich die Direktion des Narew-Nationalparks befindet und auch die Bootsausflüge über den Fluss starten. Irgendwann scheint sich auch die letzte Straßenkarte zu wundern, wohin der Mensch manchmal so will, und wirft das Handtuch. Als ich meinen gebuchten Bootsführer anrufen und um Hilfe bitten will, stelle ich fest, dass ich kein Netz habe. Wozu auch. Ortschaften gibt es hier kaum. Schließlich gelingt es mir trotzdem, nach mehreren Umwegen mein Ziel zu erreichen, und allein schon die Anreise hat gehalten, was ich mir von diesem Ausflug versprochen hatte: ein echtes Abenteuer.

Der Fluss Narew wird auch als *polnischer Amazonas* bezeichnet, und obwohl ich den Amazonas noch nie bereist habe, muss ich zugeben, dass dieser auf den ersten Blick vermessen klingende Vergleich tatsächlich nicht von der Hand zu weisen ist. Freilich, mit knapp 500 Kilometern Länge geht dieser fünftlängste Fluss Polens nicht mal als potentieller Nebenarm seines großen Vorbilds durch, doch im Büro der Parkdirektion hängen Luftaufnahmen des Narewtals, die der Laie, ohne zu zögern, dem Amazonas oder aber dem Okawango-Delta zuordnen würde. Eine derartige Flusslandschaft hatte ich in Polen nicht erwartet. Der ganze Flussabschnitt zwischen den Orten Suraż im Süden und Rzędziany im Norden gleicht einer einzigen kleinen Kopie seiner großen Verwandten in Südamerika und Afrika. Ein wahrlich beeindruckendes Labyrinth aus großen und kleinen Kanälen, trennenden und verbindenden Wasserläufen mit zahllosen, von Schilf überwachsenen Inseln fügt sich zu einem imposanten System, wie es wohl nirgendwo sonst in Europa zu finden ist. Beim Anblick der komplexen Flusslandschaft auf dem Foto bin ich froh, nicht alleine mit dem Kajak losgezogen zu sein, sondern eines der

Stakenboote mit einem Bootsführer gemietet zu haben. Durch das Labyrinth den Rückweg zu finden, dürfte kein leichtes Unterfangen sein. Und wie zur Bestätigung meiner Befürchtungen erzählt mir Jerzy, der den kleinen Holzkahn mit einem langen Stock durchs dichte Schilf stakt, gleich zu Beginn die Geschichte von einem Touristen, der sich hier gnadenlos verirrt haben soll. Zwei Tage und Nächte sei er durch das Schilf gepaddelt, ohne den Weg zurück in den Ort zu finden. Irgendwann habe ihn dann jemand aufgelesen und zurückbegleitet.

Während der Fahrt herrscht eine beängstigende Stille, die nur vom regelmäßigen Eintauchen des Stockes ins Wasser durchbrochen wird. Ab und zu nehme ich das Gezwitscher von einer der 200 hier vorhandenen Vogelarten wahr oder den Flügelschlag einer Libelle. Oder das Schilf raschelt über meinem Kopf, weil die Wasserpfade kaum breit genug sind, um unserem Kahn Durchfahrt zu gewähren. Ansonsten bin ich froh, dass Jerzy erst gar keinen Versuch macht, mir die Flora und Fauna dieses über Jahrtausende entstandenen Sumpfes im Detail zu erläutern. Dabei sind die meisten seiner Gäste Ornithologen, die nur der Vögel wegen die Reise hierher angetreten haben. Eigentlich sollte man eine solche Stakenfahrt in Polen als Therapie verschrieben bekommen, um Stresssymptome abzubauen. Hätte das Holzboot eine Lehne, würde ich wahrscheinlich in Träume versinken. Als sich diese im Ansatz einstellen, versetzt mich der Anblick einer ungewöhnlich großen Spinne auf dem Wasser plötzlich in Unruhe. So ein handtellergroßes Tier mit acht dicken Beinen habe ich in freier Wildbahn bislang noch nicht gesehen. Das Boot fährt ziemlich langsam, und die Spinne nimmt Fahrt auf in Richtung meiner Sitzbank. Noch tröste ich mich mit dem Gedanken, dass sie wahrscheinlich nur auf dem Wasser laufen kann. Jerzy erzählt mir gerade, dass dieses Flusstal während der 70er Jahre unter Entwässerungsmaßnahmen schwer gelitten habe, bevor es, nicht zuletzt mit deutscher Unterstützung, 1985 zur Parkgründung und 1996 zur Erhebung zum Nationalpark kam. Aber ich höre kaum noch zu. Die Spinne hat mittlerweile unser Boot erreicht und fängt tatsächlich an, die Wand zu meiner Bank hinaufzukrabbeln. Bei mir löst sich endgültig der Alarm aus und trotz der Bitte von Jerzy, während der Fahrt nicht aufzustehen, hält es mich nicht mehr auf meinem Sitz. In diesem Boot kann es definitiv nur einen geben. Entweder mich. Oder diese Spinne. Mittlerweile stehend, mache ich Jerzy auf das Tier aufmerksam mit der als Spaß getarnten Frage, ob in diesem Park vielleicht nicht genug Nahrung für alle Tiere vorhanden sei. Ich glaube, Jerzy hat weder den Witz noch meine Panik verstanden, zumal die Spinne kurz vor dem Übertritt auf die Sitzbank kehrt macht und auf die Wasseroberfläche zurückläuft. Etwas beschämt setze ich mich wieder hin. „Eine Gerandete Jagdspinne“, stellt Jerzy trocken fest. „Sie zählt zwar zu den Raubspinnen, frisst aber keine Menschen.“ Ich tue so, als hätte ich den ironischen Unterton seiner Erklärung überhört und nicke zustimmend, während ich diesem Monster pseudointeressiert hinterherblicke. „Krokodile und Piranhas gibt's hier nicht“, setzt Jerzy noch nach, ohne das Gesicht zu verziehen. Ich spare mir jeden Kommentar.

Während ich überlege, was vielleicht doch noch an alternativen, vielleicht bislang unentdeckten Schlangen oder Riesenechsen aus dem Schilf kriechen könnte, schippert uns stattdessen auf einem anderen Kahn ein Hochzeitspaar über den Weg, inklusive Beiboot mit Fotografen. Schönere Fotos kann man sich wohl nicht wünschen, als hier im Brautkleid auf dem polnischen Amazonas.

Ob sich die Arbeit lohne, frage ich Jerzy, der trotz seines Rentenalters ungewöhnlich kraftvoll das Boot durch das Wasser stakt. Lohne? Er winkt nur ab. Die Bootsleute gehen nach jeder Fahrt zum Essen, dann in die Kneipe, und das war's auch schon. Jeder, der hier arbeitet, verdient sein Geld noch anderweitig oder bekommt Rente. Gerade als ich feststelle, dass ich total die Orientierung verloren habe und nun völlig auf Jerzy angewiesen bin, biegen wir um eine letzte Kurve und ich sehe wenige Meter vor uns den Anlegesteg. So einfach ist das also, wenn man sich auskennt. Wenn nicht, sollte man Spinnen mögen.

Der Traum vom neuen alten Schloss

Nur wenige Meter nach der Brücke über den Narew erhebt sich vor mir ein eigenartiges, sichtbar unfertiges Schloss. Mitten auf einer Wiese gelegen, die von Sträuchern und kleineren Bäumen überwachsen ist, wirkt es dabei keineswegs wie eine alte Ruine. Im Gegenteil, die roten Ziegel strahlen derart einheitlich im Sonnenlicht, als wären sie gerade erst aus der Brennerei angeliefert worden. Man könnte glauben, ein König wäre aus dem Mittelalter zurückgekehrt und hätte angefangen, seine Residenz neu aufzubauen, wider jede Vernunft und bar jeder Kenntnis, dass heutzutage Schlösser dieser Art längst nicht mehr angesagt sind.

Noch bevor ich die Bauarbeiter auf den Stufen des Eingangsportals anspreche, weisen sie mir schon den Weg über eine Wendeltreppe nach oben. Überall liegen Kabel herum, aus einem Radio schrillt polnische Popmusik. Gerade als ich anfange zu überlegen, in welchem der Gänge ich eigentlich suchen soll, kommt mir der vermeintliche König und Bauherr auch schon entgegen. Jacek Nazarko, ehemaliger Mitbesitzer einer der größten Wohnungsbaufirmen in der Region und nun Herrscher über dieses von ihm selbst ins Leben gerufene Projekt.

Zwischen dem 15. und 18. Jahrhundert stand genau an dieser Stelle in Tykocin schon einmal ein Schloss. Auch König Zygmunt II. August, der letzte König der Jagiellonen-Dynastie, hat sich dort aufgehalten und den *Orden des Weißen Adlers* gegründet, der bis heute die höchste Auszeichnung des Landes darstellt. Sogar der Sarg dieses Herrschers befand sich nach dessen Tod einige Zeit in dem Schloss, bevor er später auf dem Wawelberg in Krakau beigesetzt wurde. Sein Herz hingegen wurde separat in einer Urne aufbewahrt, deren Spuren sich verloren haben. „Man wird sie irgendwann in Tykocin finden!“, ist sich Nazarko sicher und wirkt dabei so gar nicht wie ein König. In kurzem Hemd,

Jeans und verstaubten Schuhen gleicht er eher einem der Bauarbeiter als einem Herrscher oder gar millionenschweren Geldgeber. Auf die Frage, warum er versucht, das Tykociner Schloss so akribisch genau wieder aufzubauen, hat er eigentlich selbst keine schlüssige Antwort. „Vielleicht liegt es daran, dass es mir leid getan hat zu sehen, wie dieser Ort hier verkommt", sagt er. Und er scheint wirklich keinen besseren Grund zu wissen. Bevor Nazarko das Grundstück 1990 erwarb, lag alles brach. Das Schloss von einst wurde schon Mitte des 18. Jahrhunderts abgetragen und die Steine für andere Zwecke verwendet. Was blieb, waren Schutt und Geröll und einige Mauern unter der Erde, die bei den Bauarbeiten freigelegt wurden.

Nazarko ist weder Historiker noch Nostalgiker. Aber für Geschichte hegte er schon immer eine Leidenschaft, und für die von Tykocin besonders. Der Wiederaufbau der Marienburg in Malbork in Ostpreußen hat ihn fasziniert und diente ihm für sein Projekt als Vorbild. Doch investiert man deshalb sein ganzes Vermögen in eine solche Idee? „Die Stadt hat mir das Grundstück überlassen mit der Auflage, das Schloss wieder aufzubauen. Damit wurde für mich ein Traum wahr", erzählt er mir, während er mich von einem Raum zum anderen führt. Dabei müssen wir aufpassen, dass wir nicht über eines der Kabel stolpern oder an einem der Baugerüste hängen bleiben. Obwohl es kaum Zeichnungen des alten Schlosses gibt, versucht Nazarko, die Rekonstruktion so originalgetreu wie möglich durchzuführen. Alles, was er auf dem Gelände des alten Schlosses findet, lässt er analysieren, auswerten und in die Pläne einarbeiten. Später möchte er die Funde dann in einem kleinen Museum in den Kellerräumen ausstellen, um die Geschichte zu dokumentieren. Und was sich nicht rekonstruieren lässt, versucht er nach bestem Wissen und Gewissen zu ergänzen.

Wir stehen auf einem der Wehrgänge, die zu einem der bereits fertigen Türme führen. Das alte Schloss wurde im 16. Jahrhundert zu einem militärischen Bollwerk umgebaut und besaß damals gewaltige Wehrmauern. Zwei der alten Flügel stehen wieder, ebenso drei der Türme. Als ich Nazarko frage, was das ganze Projekt kosten wird, weicht er mir aus. „Das wird nie jemand wissen, nicht einmal ich selbst", antwortet er. „Schauen Sie", sagt er und reicht mir einen der Ziegelsteine, die überall herumliegen. „Vor zwanzig Jahren kostete so ein Ziegel 30 Groschen, jetzt 1,30 Złoty. Wie soll man da die Kosten errechnen?" Einen Moment bin ich versucht, die Ziegel einer Reihe zu zählen, um sie dann mit dem Stückpreis zu multiplizieren. Aber als mein Blick die riesigen Schlossmauern entlang schweift, beende ich das Experiment. Bei so einem Projekt darf Geld einfach keine Rolle spielen. Als ich den Bauherrn frage, wann alles fertig sein wird, sieht er mich wieder ratlos ein. „Das weiß auch niemand. So lange ich lebe, werde ich bauen. Dann wird man sehen." Und wie zum Beweis dafür hebt er in Gedanken versunken einen der Ziegel auf, um ihn in die bereits begonnene Mauerreihe einzufügen. Schon im nächsten Jahr plant er die Eröffnung eines ersten Bauabschnitts des Schlosses, das dann als Museum, Tagungshotel, Restaurant und Festsaal dienen soll. „Das Alte und das Neue soll die Menschen hier zusammenführen", erklärt mir Nazarko. „Das Schloss soll den Bedürfnissen der Neuzeit angepasst sein, ohne den Charakter der alten Zeit aufzugeben."

Im Gegensatz zu vielen anderen, ähnlich gearteten Orten in Polen entspringt dieser hier keineswegs der Sehnsucht eines finanzstarken Nostalgikers nach alten Zeiten. Nazarko geht es mehr um ein architektonisches Experiment als um Geschichte. Er sieht sich als Pragmatiker, will das Alte rekonstruieren, um es für das Neue zugänglich zu machen. Früher hat man in Tykocin über diesen Herrn den Kopf geschüttelt, ihn für verrückt erklärt. Heute, wo ein großer Teil des Schlosses fertig ist, machen sich Respekt und Bewunderung breit. „Die Leute fragen mich immer, warum ich mein Geld nicht anders ausgebe, mir ein schönes Leben mache, anstatt in Ziegelsteine zu investieren", lacht er über sich selbst, während er den Brunnen inspiziert und in Gedanken wohl schon den nächsten Bauabschnitt durchgeht. „Aber ich habe da keine Antwort. Ich habe einmal damit angefangen, jetzt gibt es kein Zurück. Die Zeit wird zeigen, ob es eine gute oder schlechte Idee war …“

Am Ende weiß ich nicht, was ich mehr bewundern soll. Die schon bestehenden Teile des Schlosses oder diesen kleinen Herrn, der in der Lage ist, sich einen Traum zu finanzieren, den außer ihm wahrscheinlich keiner je geträumt hat. Auf jeden Fall wird Tykocin irgendwann eine Attraktion mehr haben, die Arbeitsplätze schafft und Touristen anzieht. Allein aus diesem Grund schon hätte er den *Orden des Weißen Adlers* verdient.

Leben im Europäischen Storchendorf

Schon von weitem kann ich das Europäische Storchendorf Pentowo ausmachen, das sich nur wenige Kilometer westlich von Tykocin befindet. Und zwar keineswegs deshalb, weil das Dorf etwa so groß oder sein Kirchturm besonders hoch wäre. Es sind vielmehr die vielen am Himmel kreisenden Störche, die mir schon aus der Ferne den Weg dorthin weisen. Im Jahr 1991 hatte ein starker Sturm in der Region einige Baumspitzen abgebrochen und verstümmelte Kronen hinterlassen. Den Störchen schien diese Art Bäume zu gefallen und sie bauten in Scharen ihre Nester auf den abgebrochenen Ästen. In dem über hundert Jahre alten Adelsgehöft der Familie Toczyłowski in Pentowo ließ sich eine besonders große Anzahl an Storchenfamilien nieder. Doch nachdem einige der Nester heruntergefallen waren, schaltete sich damals die Podlachische Gesellschaft zum Schutz von Vögeln ein und erbaute spezielle Plattformen, um die Störche zu retten. Die Maßnahme, welche den Fortbestand der vielen Nester sicherte, führte letztlich dazu, dass dem Ort im Jahr 2001 von der deutschen Organisation *Euronatur* der Titel *Europäisches Storchendorf* verliehen wurde. Ein Titel, auf den man hier mächtig stolz ist, denn er wird nur einem Ort in jedem Land zuerkannt.

Bereits vom Parkplatz aus kann ich einen Blick auf die eigenartig gebauten, zwölf Meter hohen „Storchentürme" werfen. Diese Treppenkonstrukte aus Holz, von denen sich zwei auf dem Gelände des Gutes befinden, dienen allerdings weniger den Störchen, als vielmehr ihren menschlichen Besuchern, die aus dieser Höhe einen Blick ins Familienleben der Störche erhalten sollen. Außerdem befinden sich zwischen den alten Gebäuden des Hofes mehrere, auf einer stativähnlichen Konstruktion aufgesetzte Plattformen, auf denen sich einige der Störche ihre

Nester gebaut haben. Andere wiederum nisten in den Kronen der riesigen Bäume auf dem Gelände oder auf den Dachfirsten der Häuser. Das Schauspiel, das sich mir von einem der Beochbachtungstürme bietet, ist beeindruckend. Die Stille des Ortes wird einzig und allein von dem Klappern der vielen Schnäbel unterbrochen, die überall gefüttert werden wollen. In manchen der Nester sehe ich drei oder vier Jungtiere, die schon erstaunlich sicher auf engstem Raum herumstaksen. Die Nahrung kommt dabei im wahrsten Sinne des Wortes vom Himmel. Wie auf einem Flughafen kann ich über den Nestern die An- und Abflüge der Storcheneltern beobachten, die von ihren Beutezügen zurückkommen oder sich auf den Weg machen. Nahrung gibt es im Umfeld des Gehöfts in Hülle und Fülle. Wohin ich auch blicke, erstrecken sich endlose Wiesen mit zahlreichen kleineren Seen und Tümpeln. Der ganze Ort Pentowo ist so gesehen ein einziger Selbstbedienungsladen für Störche.

Auf einer der Informationstafeln auf dem Gehöft finde ich eine Tabelle, in der genau verzeichnet ist, wie viele Storchenpaare im jeweiligen Jahr eingetroffen sind, an welchem Tag sie ankamen und an welchem sie wieder abreisten. Die Daten sind verblüffend, weil die An- und Abflugtage der Störche über die Jahre hinweg fast identisch geblieben sind. Ende März, Anfang April findet die Anreise statt, Ende August, Anfang September der Abflug. Der letzte Eintrag stammt vom 24. März 2010: Ankunft von 31 Paaren. Auf dem Gehöft treffe ich einen der Mitarbeiter des Gutshofes und frage ihn, ob die Störche immer dasselbe Nest jedes Jahr beziehen. Die Antwort ist beruhigend menschlich. Wer zuerst kommt, mahlt zuerst. Der erste Storch schnappt sich das beste Nest. Und wer zu spät kommt, den bestraft eben das Leben. Er muss sich woanders etwas suchen. Oder neu bauen.

Mehrere Männer sind gerade damit beschäftig, eine Plattform neu aufzubauen, von der kürzlich ein Nest heruntergefallen ist. Ob die neue Plattform allerdings angenommen wird, ist Glückssache. Natürlich kommt es auch mal vor, dass ein junger Storch daneben tritt und unsanft auf dem Boden landet. Dann wird der Tierarzt informiert und der Pechvogel im Zoo von Białystok wieder aufgepäppelt. Wird er wieder gesund, muss er freigelassen werden, so lautet die Vorschrift. Überhaupt wird mir nach dem Besuch dieses Europäischen Storchendorfes klar, warum jeder vierte Storch auf der Welt seinen Sommer in Polen verbringt. So viel Fürsorge und Sympathien dürfte ihnen in kaum einem anderen Land zuteil werden, ganz abgesehen von den idealen Nahrungsbedingungen in Regionen wie den Masuren oder eben hier in Ostpolen.

Nach fast zwei Stunden Storchenoberservierung lasse ich meinen Besuch in der so genannten „Storchengalerie“ ausklingen, die sich in einem der alten Gehöfte befindet. Auf wunderschönen Aufnahmen ist dort das Leben der Störche künstlerisch festgehalten. Nach dem Besuch dieser Ausstellung möchte ich am liebsten selbst die Flügel spreizen und in den Himmel abheben. Doch nicht jedermann ist es vergönnt, als Storch auf die Welt zu kommen. Während ich ins Auto steige, habe ich das Gefühl, dass mir nicht nur ein Storch von hoch oben verwundert nachblickt …

Die Wiege des Doktor Esperanto

Die Atmosphäre auf der Lipowa-Straße in Białystok erinnert mich eher an den Nevskij Prospekt in Sankt Petersburg als an Nowy Świat in Warschau. Die Straße ist für polnische Verhältnisse ungewöhnlich breit, so breit, dass selbst das große Rathaus problemlos in ihrer Mitte Platz findet. Die Gebäude links und rechts unterscheiden sich kaum in der Höhe und kanalisieren so den Blick in die Weite. Ein Café und Restaurant reiht sich an das andere, Maler bieten ihre Dienste an und selbst eine Ausstellung wird mitten auf der Straße gezeigt, um den Raum dann doch irgendwie zu nutzen.

Auf meinem Spaziergang höre ich, wie die Menschen untereinander polnisch, russisch oder englisch reden, und für einen Moment habe ich das Gefühl, die Zeit sei stehen geblieben. Hier, in dieser im 19. Jahrhundert von Polen, Weißrussen, Deutschen und Juden bewohnten Stadt, wurde im Jahr 1859 der Augenarzt und Philologe Ludwik Lejzer Zamenhof geboren, der später als Erfinder der Kunstsprache Esperanto Weltruhm erlangen sollte. Damals gehörte Białystok noch zum russischen Reich, doch die ethnisch gemischte Bevölkerung führte auf der Straße zu einem regelrechten Sprachenchaos, von dem auch der junge Zamenhof auf seine Weise profitierte. Der Vater sprach zu Hause russisch, die Mutter jiddisch, auf der Straße lernte Ludwik Polnisch, außerdem später noch Deutsch, Französisch, Griechisch, Latein, Englisch und Hebräisch. Das sollte wahrlich ausreichen, um die Grundlage für sein Buch *Internationale Sprache* zu bilden, das er 1887 in Warschau unter seinem Pseudonym „Dr. Esperanto“ in verschiedenen Sprachen veröffentlichte und später weiterentwickelte. Anfangs von der Idee des Zionismus angetan, war Zamenhof schon bald zu der Überzeugung gekommen, dass eine gemeinsame Heimat aller Juden in Palästina Illusion bleiben würde. Vielmehr sah er die Zukunft der Menschen und insbesondere der Juden in einer miteinander kommunizierenden Welt, die frei war von religiösen und vor allem auch sprachlichen Barrieren. Der Rest ist Geschichte.

Obwohl Zamenhof nur seine Jugend in Białystok verbrachte und 1874 mit der Familie nach Warschau zog, dreht sich doch fast alles hier um diesen berühmtesten Sohn der Stadt. Schließlich wird es nur den Erfahrungen seiner Jugendzeit im multiethnischen Białystok zugeschrieben, dass er später sein Werk ausarbeiten konnte. So ist es auch nicht erstaunlich, dass ich im Touristenbüro sogleich einen Prospekt überreicht bekomme, der mich einlädt zu einem Spaziergang auf den Spuren von Zamenhof in Białystok.

Die erste Station führt mich zu einem Denkmal, das eher unscheinbar auf einem kleinen Platz steht und auf dem die Büste Ludwik Zamenhofs auf einem hohen Sockel in den Himmel blickt. Wie der Zufall oder jemand anders es will, ist hinter dem Denkmal an einer Hauswand ein großes Reklameband für eine Sprachenschule aufgehängt. *Sprache ist die Basis für alles* steht darauf geschrieben. Zamenhof würde dies bestätigen. Ein Stückchen weiter in der Zamenhofstraße leuchtet mir schon von weitem eine bunt bemalte Hauswand entgegen, die, auf drei Stockwerke verteilt, drei gemalte Fenster zeigt, in denen Freunde von Zamenhof abgebildet sind sowie natürlich der Meister selbst und ein paar Kinder, die die Zukunft symbolisieren sollen. Über Geschmack lässt sich zwar streiten, da aber von dem eigentlichen Geburtshaus nichts mehr übrig ist, musste man die Stelle, an der es einmal stand, eben auf andere Weise markieren. Unten am Haus ist eine Tafel angebracht mit der polnischen Inschrift: *Hier stand das Haus, in dem am 15. Dezember 1859 Ludwik Zamenhof, der Schöpfer der internationalen Sprache Esperanto, geboren wurde.* Natürlich darf die Übersetzung in Esperanto nicht fehlen: *Ci-tie staris la domo en kiu 15 de decembro 1859 jaro naskigis kreinto de internacja lingvo esperanto D-ro Ludovi-*

ko Zamenhof. Vieles an dieser Sprache kommt mir dann doch bekannt vor. Die nette Bibliothekarin des erst vor wenigen Jahren eröffneten Esperanto-Zenrums in Białystok lädt mich dann auch gleich zu einem kleinen Crashkurs ein. Regel Nummer 1: Der bestimmte Artikel ist *la*. Regel Nummer 2: alle Substantive enden auf o. Regel Nummer 3: alle Adjektive auf a. Für Regel Nummer 4–16 habe ich leider doch zu wenig Zeit, was schade ist, denn das wäre es dann angeblich schon gewesen. Die Frau spricht Esperanto fließend und ist stolz darauf, eines der weltweit 100.000 Mitglieder der *Universala Esperanto Associa* zu sein. Allein in Białystok gibt es 27 diplomierte Lehrer für Esperanto, das auch als Wahlfach in einigen Schulen angeboten wird.

Das Esperanto-Zentrum bietet eine aufwändig gestaltete, multimediale Ausstellung zur Jugendzeit von Ludwik Zamenhof, die seinen Werdegang nachzeichnet und selbst seinen Schulweg eingehend präsentiert. Ein Ausschnitt aus den Erinnerungen Zamenhofs gibt die Atmosphäre der damaligen Verhältnisse wieder: *Der Ort, in dem ich geboren wurde und meine Kindheit verbracht habe, Białystok, gab mir die Richtung vor für meine Bemühungen. Die Einwohner von Białystok bestanden aus Russen, Polen, Deutschen und Juden. Sie begegneten einander mit Feindseligkeit.*

Erfüllt von Eindrücken, trete ich wieder auf die Straße hinaus und folge dem Pfad zur ehemaligen Schule Zamenhofs, wo es aber außer einer kleinen Tafel nichts mehr zu sehen gibt. Mein Kopf ist ohnehin schon voll von Regeln, Sprachen und Geschichtsdaten, so dass es mich zurückzieht zu einem der Cafés auf der Hauptstraße. Vorher werfe ich noch einen kurzen Blick ins Armeemuseum, wo eine der wenigen erhaltenen Enigma-Maschinen aus dem Zweiten Weltkrieg ausgestellt ist. Bei der Maschine ging es um das genaue Gegenteil des Anliegens von Ludwik Zamenhof, sollte ihre Sprache doch von möglichst wenigen Menschen verstanden werden. Mit Hilfe des polnischen Mathematikers Marian Rejewski konnte der Geheimkode der Nationalsozialisten später dechiffriert werden, worauf die Polen freilich nicht minder stolz sind als auf Ludwik Zamenhof. Zu Recht, wie ich finde. Mein Versuch allerdings, einen Kaffee auf Esperanto zu bestellen, scheitert kläglich. Die Frage, ob daran meine zugegebenermaßen noch spärlichen Sprachkenntnisse schuld sind oder aber eher die Humorlosigkeit der Kellnerin, bleibt dabei unbeantwortet.

Auf den Spuren der Tataren

Das Schild am Ortseingang von Kruszyniany kündigt nicht nur einen neuen Ort, sondern gleichsam eine neue Welt an: *Tatarenpfad. Kruszyniany.* Dabei bin ich nur eine knappe Stunde von Białystok Richtung Osten gefahren und soeben auf eine kleine, stark geflickte Teerstraße abgebogen. Bislang konnte ich mir das Leben von Tataren in Polen kaum vorstellen. Kruszyniany dagegen liegt so abgelegen, dass meiner Phantasie plötzlich keine Grenzen mehr gesetzt sind für das, was mich erwarten könnte. Menschen mit Schlitzaugen und Pelzmützen, Reiterhorden auf Pferden ohne Sattel mit Säbeln in den Händen, oder Frauen, die ihre Kinder in Jurten stillen und ihre Familie mit blutigem Fleisch versorgen …

Doch die Ernüchterung lässt Gott sei Dank nicht lange auf sich warten. Kruszyniany entpuppt sich als ein gänzlich verschlafenes Straßendorf, in dem sich links und rechts ein Häuschen an das andere reiht und ich mir Sorgen machen muss, wo ich etwas zu essen und eine Unterkunft bekomme. Schließlich treffe ich doch auf ein großes Schild, das auf eine Pension mit tatarischer Küche und Gästezimmern hinweist und dem ich gerne folge. Sogar eine Jurte ist neben dem Parkplatz aufgebaut, die allerdings so befremdlich übergangslos neben den Autos steht, dass sich wohl nur völlig verzweifelte Touristen auf sie stürzen.

Die Geschichte der Tatarten in Polen reicht bis ins 13. Jahrhundert zurück, als mongolische Reiternomaden in Europa einfielen und große Verwüstungen hinterließen. Einige Stämme siedelten sich auf polnisch-litauischem Gebiet an und kämpften später in der Schlacht vom Tannenberg auf Seiten des litauischen Großfürsten Jagiełło. Überhaupt dienten die Tataren im Laufe der Geschichte immer wieder als gern gesehene Söldner im polnisch-litauischen Heer, und als die Staatskasse mal leer war, vermachte König Jan III. Sobieski ihnen in einer Vereinbarung aus dem Jahr 1679 Land und Privilegien. Das Dorf Kruszyniany, so will es die Legende, erhielt der tatarische Oberst Samuel Krzeczowski zum Dank dafür, dass er dem König während der Schlacht bei Párkány im Jahr 1683 gegen die Osmanen das Leben gerettet hat.

Zwischen den Wohnhäusern steht plötzlich die älteste Holzmoschee Polens vor mir. In tiefdunkelgrüner Farbe residiert sie mitten im Ort, wobei sie sich erst auf den zweiten Blick als Moschee zu erkennen gibt. Die örtlichen Baumeister konnten sich Ende des 18. Jahrhunderts wohl nicht so recht entscheiden, wie so eine Moschee in Polen auszusehen hat, und verbanden muslimische und barocke Elemente mit der regionalen Volksbaukunst. Geradezu befremdlich wirken dabei die zwei christlich anmutenden Kirchtürme, auf deren zwiebelförmigen Kuppeln islamische Halbmonde angebracht sind. Noch während ich die Moschee von außen mustere, kommt ein junger Mann mit unverkennbar tatarischen Gesichtszügen angeradelt und stellt sich mir als Dżemil vor. Eigentlich arbeitet er als Computer-Fachmann, doch die Gemeinde hat ihn zusätzlich mit der Betreuung der Moschee beauftragt. Dżemil trägt ein T-Shirt mit Comic-Aufdruck und spricht akzentfrei Polnisch. Als ich ihn darauf anspreche, lacht er. „Die Touristen haben meistens sehr sonderbare Vorstellungen von den Tataren hier", sagt er, wobei ich ihm etwas beschämt zustimme. Dann erklärt er, dass sich die meisten der vier- bis fünftausend in Polen lebenden Tataren lediglich als „Polen tatarischer Herkunft" fühlten. Echte Tataren gäbe es vielleicht noch 500, die in der Regel an einem eigenartigen weißrussischen Dialekt zu erkennen seien. Die Mehrheit jedoch habe sich längst assimiliert, selbst die arabischen Gebete würden meist ohne jedes Verständnis auswendig gelernt.

Obwohl in Kruszyniany und dem etwas nördlich gelegenen Bohoniki jeweils nur noch eine Handvoll tatarischer Familien lebt, wird das kulturelle Erbe hier intensiv gepflegt. Von Dżemil erfahre ich, dass an wichtigen Festtagen über 200 Tataren aus ganz Polen in die Moschee zum Beten kämen. Nur gäbe es allmählich deshalb Probleme, weil jeder hier muslimische, orthodoxe und katholische Freunde habe und man dadurch fast jeden Tag zu irgendeinem religiöses Feiertag eingeladen sei. Zum Arbeiten bliebe da kaum noch Zeit.

Im Innern wirkt die Moschee modern, weist aber unverkennbar alle islamischen Elemente auf. Neben der Gebetsnische Richtung Mekka steht eine alte Kanzel, deren sechs Stufen zu einem Podest führen, von dem aus traditionell die Freitagspredigten gehalten werden. Der hintere Teil der Moschee, wo Frauen beten dürfen, ist durch eine Holzwand mit Glasfenstern abgegrenzt, oben auf der Holzempore hingegen nimmt die Jugend Platz. Die verschieden gemusterten bunten Teppiche sowie die mit diversen Ornamenten und Gebetsauszügen voll behängten Holzwände lassen mich erst mal auf dem Boden Platz nehmen und die eigenartige Atmosphäre dieses Ortes verinnerlichen. Wie so oft in diesem Teil Polens habe ich Schwierigkeiten mit der Antwort auf die Frage, in welchem Land ich mich eigentlich befinde. Zu übergangslos gehen die verschiedenen Kulturen ineinander über, und zu selbstverständlich präsentieren sie sich als neues Ganzes. „Eigentlich unterscheiden wir uns nur durch Herkunft, Glaube und die Küche vom Rest der Polen“, reißt mich Dżemil aus meinen Gedanken. „Ansonsten fallen wir kaum auf. Wenn allerdings ein Muslime einen Partner mit anderem Glauben heiratet, gilt für die Kinder eine einfache Regel: Jungen bekommen den Glauben des Vaters, Mädchen den Glauben der Mutter“. Ob er auch nach Mekka pilgern muss, frage ich Dżemil, und er nickt. „Steht an, irgendwann in den nächsten Jahren. Eilt aber nicht!“

Über einen kleinen, ansteigenden Pfad erreichen wir den nahe gelegenen muslimischen Friedhof. Auf ihm befinden sich noch Gräber aus der Mitte des 17. Jahrhunderts und bis heute lassen sich Tataren aus ganz Polen hier beerdigen. „Es gibt ja auch kaum Alternativen“, erklärt mir Dżemil, „weil sich ansonsten nur noch in Bohoniki und in Warschau muslimische Friedhöfe befinden.“ Die alten Gräber erkenne ich daran, dass die Inschriften noch auf der Rückseite des Grabsteins angebracht sind, während sie bei den neueren Steinen schon auf der Grabseite stehen. Typische Namen polonisierter Tataren sind z.B. Ibrahimowicz oder Bohdanowicz, meint Dżemil. Meist sind die Inschriften dann auch auf Polnisch oder in zwei Sprachen geschrieben. Andere Gräber wiederum tragen nur arabische Schriftzüge. Ob ich den Schauspieler Charles Bronson kenne, fragt er mich, und als ich bejahe, erzählt er mir, dass die Vorfahren von Bronson ehemalige Lipka-Tataren waren, die aus Litauen in die USA emigriert seien. „Lipka“ bezeichnet dabei das krimtatarische Wort für Litauen, wobei auch die Tataren in Polen so bezeichnet wurden aufgrund des einst bestehenden Bündnisses beider Reiche.

Während Dżemil zu seinem Fahrrad zurückkehrt, verweile ich noch einige Zeit auf dem Friedhof. Das markante Gesicht von Charles Bronson geht mir nicht mehr aus dem Kopf. Ob er mal einen Tataren gespielt hat? Später am Abend bestelle ich im Restaurant des Hotels Schaschlik auf tatarische Art. Das Bett schließlich vor Augen, bin ich dann doch froh, nicht auf dem Boden einer Jurte übernachten zu müssen. In Bohoniki, wohin ich dem Tatarenpfad am nächsten Tag folge, wird diese Möglichkeit den Touristen sogar angeboten. Aber im Gegensatz zu Kruszyniany wirkt dieses Dorf samt seiner Moschee viel zu akkurat und aufgeräumt, als dass ich mir hier noch Tataren vorstellen möchte. Mit dem geheimnisvollen Charme von Kruszyniany jedenfalls können Bohoniki und die anderen Stationen dieses Pfades nicht mithalten. Denn nur in Kruszyniany habe ich noch Herzen schlagen hören. Meines. Und das der Tatarten, die diesen Ort über Jahrhunderte geprägt haben.

PL
SERWY
AUGUSTOW
PL

Die längste Sehenswürdigkeit Polens

Im Zentrum der Stadt Augustów betrete ich ein kleines, eher unscheinbares Holzhäuschen, in dem sich das Museum zur Geschichte des Augustów-Kanals befindet. In den Jahren 1821 bis 1823 hatte die preußische Regierung die Zölle für polnische Transitgüter derart drastisch erhöht, dass Warentransporte an die Ostsee kaum noch rentabel erschienen. Um die Zölle zu umgehen, ließ sich der damalige Oberstleutnant und spätere General Ignacy Prądzyński eine ebenso riskante wie geniale Lösung einfallen. Er entwickelte den Plan, die Flüsse Weichsel und die Memel über einen 101 km langen Kanal zu verbinden, um auf diese Weise eine Wasserstraße zu schaffen, die das preußische Territorium umging. Über 18 Kammerschleusen sollten einen Höhenunterschied von insgesamt 55 Metern zwischen dem Fluss Biebrza und der Memel ausgleichen, um so diese Trasse schiffbar zu machen. Den höchsten Punkt bildete dabei der Serwy-See, von dem aus der Kanal in östlicher und westlicher Richtung jeweils 39,5 beziehungsweise 15 Höhenmeter überbrücken musste, das Wasser also in zwei Richtungen floss.

In dem kleinen Museum finde ich einen Aufruf aus dem Jahr 1824, in dem die arbeitsfähige Bevölkerung der Region dazu aufgerufen wurde, für den spärlichen Lohn von 1,50 Złoty am Tag beim Bau des Kanals zu helfen. „Die Woiwodschaftskommission zweifelt nicht daran, dass die Bewohner nicht nur aus Loyalität zu ihrem Land, sondern auch aus Lust auf einen, wenn auch nicht reichlichen, Verdienst mit ihren Diensten zur Arbeit eilen“, heißt es darin und es wird deutlich, dass der Kanal vor allem das Ziel hatte, den als unverschämt empfundenen preußischen Preiserhöhungen ein Schnippchen zu schlagen und an den polnischen Patriotismus der Bevölkerung zu appellieren. Über 7.000 Menschen arbeiteten zeitweise an diesem Projekt, und da das Vorhaben erstaunlich schnelle Fortschritte machte, zog die preußische Regierung ihre Preiserhöhungen bereits im Jahr 1825 wieder zurück. Trotzdem baute man den größten Teil des Kanals zu Ende, zumal sich das Vertrauen in den preußischen Nachbarn in Grenzen hielt und niemand weitere Erhöhungen ausschließen konnte.

Obwohl das Museum nur ein paar Räume umfasst, finde ich darin eindrucksvolle Abbildungen vom Kanalbau sowie alte Werkzeuge, die meine Bewunderung für dieses imposante Bauwerk noch steigen lassen. Kaum zu glauben, dass man mit solchen Holzschaufeln und Äxten dem Wasser einen derart langen Flusslauf ausheben konnte. Ein kurzer Film rekonstruiert die einzelnen Phasen des Bauablaufs und vermittelt dem Betrachter zwischen den Zeilen, wie stolz die Polen darauf waren, mit einem solchen Bauwerk den Preußen mal eins ausgewischt zu haben.

Nach dieser guten Vorbereitung durch die Ausstellung mache ich mich auf, um die eine oder andere Schleuse in der Umgebung zu besuchen. Obwohl dem Kanal, historisch gesehen, vor allem strategische Bedeutung zukam, wurde auf ihm bis zum Jahr 1992 noch Holz transportiert. Seitdem dient das Bauwerk, das auf den 80 Kilometern im polnischen Teil noch vollständig intakt ist, vor allem als Touristenattraktion, die man entweder mit speziellen Ausflugsbooten oder aber mit dem Kajak bereisen kann. Mit dem Auto hingegen habe ich einige Schwierigkeiten, vor allem die kleineren Schleusen anzufahren. Mehrmals muss ich auf schmalen Waldpfaden kehrtmachen, weil ich die Orientierung verloren habe. In der Nähe von Mikaszówka finde ich mitten im Wald eine ziemlich abgelegene Schleuse, deren Wärter auf einem Liegstuhl in der Sonne schläft. Es ist schon September und die Hauptsaison ist gerade vorbei. Wer den Kanal hier passieren möchte, zahlt für ein Motorboot 6,24 zł, für ein Kajak oder Ruderboot 3,52 zł. Gerne würde ich den Wärter fragen, warum die Preise so ausgesprochen krumm sind, doch ihn deswegen zu wecken, erscheint mir unangemessen. Die Schleuse hier gehört zu den kleineren des Kanals und ist nur drei oder vier Meter breit. Mit etwas Mut und Ehrgeiz könnte ich vielleicht von einer Seite zur anderen springen, doch der Preis im Falle des Versagens scheint mir zu hoch. Selbst wenn der Kanal in der Regel nur ein bis zwei Meter tief ist, lädt er um diese Jahreszeit weder zum freiwilligen noch unfreiwilligen Badespaß ein. Die Anlage ist, wie der gesamte Kanal, in erstaunlich gutem Zustand. Die Ursache dafür liegt in einem speziellen Baustoff, der damals eigens für den Kanal entwickelt wurde und besondere, Wasser abweisende Eigenschaften besaß. Für den Kanal wurden zudem erstmals vorgefertigte Betonteile verwendet, weshalb ihm nicht nur strategische Verdienste zukamen, sondern er bis heute auch als architektonische Pionierleistung gilt.

Eine stark befahrene Landstraße führt mich unweit des Ortes Przewięź zu einer weiteren, diesmal größeren Schleuse. Mehrere Touristenbusse haben auf dem nahe gelegenen Parkplatz Halt gemacht, damit die Gäste das Passieren der Schiffe von der Brücke aus beobachten können. Unten treffe ich den Schleusenwärter, der gerade damit beschäftigt ist, die Durchfahrt für ein angekündigtes Ausflugsschiff vorzubereiten. Heute sei relativ viel los, meint er, während er sich an einer Kurbel zu schaffen macht. Ansonsten nähme die Zahl der Ausflugsboote um diese Zeit schon ziemlich ab. Ob man den Kanal auch nachts benutzen könne, frage ich ihn, und er nickt. Bis 24 Uhr, aber nach 16 Uhr wird es teurer. In der Ferne tutet es zweimal, das Zeichen dafür, dass das erwartete Schiff gleich einläuft. Einige der Touristen haben sich bereits zu beiden Seiten der Schleusentore aufgestellt und sich hinter den Holzbalken in Position gebracht. „Sehen Sie“, erklärt mir der Wärter grinsend, „an dieser Schleuse bekomme ich Geld fürs Nichtstun, denn es finden sich immer Besucher, die sich das Schließen und Öffnen der Tore mit den Holzbalken nicht nehmen lassen wollen.“ Und als das Schiff einläuft, begnügt sich der Wärter tatsächlich mit ein paar Anweisungen, den Rest erledigen die Touristen unter Lachen und

Geschrei im Fokus zahlreicher Filmkameras und Fotoapparate. Für das Einlaufen des Schiffes bedarf es eines guten Auges des Kapitäns, denn in der Schleuse selbst bleibt neben dem Schiff links und rechts nur eine Handbreit Platz. Doch die Schiffsführer der beiden hier zugelassenen Linienboote haben so viel Routine und Erfahrung, dass sie nicht Gefahr laufen, zum Gespött der Zuschauer zu werden. Im Gegenteil, die Gäste auf dem Schiff und auf der Schleuse stehen schon bald in einem angeregten Dialog und der eine oder andere Fotoapparat wechselt die Seite. Nach wenigen Minuten ist das Wasser abgesenkt und die Touristen öffnen wieder die Tore. Es kehrt Ruhe ein an der Schleuse und für den Wärter beginnt das Warten auf neue Kundschaft.

Die Geschichte des Kanals noch einmal Revue passieren lassend, beobachte ich, wie das Schiff aus meinem Sichtfeld verschwindet. Es ist schon erstaunlich, welche Auswirkungen die Erhöhung von Zöllen haben kann. Für die Polen jedenfalls hat sich wieder einmal ihr Sprichwort bewahrheitet, dass es nichts Schlechtes auf der Welt gibt, das sich nicht irgendwie zum Guten wendet. Manchmal muss man eben nur ein wenig nachhelfen …

Czarna Hańcza

Im Mekka für Kajakfahrer

Das Thermometer hat die 30-Grad-Marke längst überschritten, obwohl es erst 9 Uhr am Morgen ist. Vor mir liegt traumhaft ruhig der große Wigry-See, der vom Ufer aus allerdings noch verdächtig klein wirkt, weil eine der vielen Halbinseln den Blick aufs Ganze verstellt. Aber um den See geht es eigentlich gar nicht. Mein Reisebegleiter Marek schwärmt schon seit über einer Woche von diesem Tag, an dem er endlich ins Kajak steigen darf, um mit mir den Fluss Czarna Hańcza hinabzupaddeln. Die Natur- und Sportliebhaber in Polen sind sich uneins darüber, ob eine Fahrt auf der Krutynia in den Masuren oder auf der Czarna Hańcza hier im äußersten Nordosten des Landes den Höhepunkt im Leben eines Kajakfahrers darstellt. Tatsache ist jedenfalls, dass die Czarna Hańcza mit Sicherheit schwerer zu erreichen ist und es im Vergleich zur touristisch schon sehr gebeutelten Krutynia hier noch eher ruhig zugeht.

Mir ist ein wenig unwohl beim Anblick der beiden Kajaks, die uns einer der zahlreichen Bootsvermieter der Gegend ans Ufer gelegt hat. In Polen gilt, ähnlich wie in Tschechien, Kajakfahren als eine Art Volkssport. Fast jeder kann es, und wer es kann, macht es auch. Für mich hingegen ist heute Premiere, und während ich noch überlege, wo eigentlich hinten und vorne ist, schwimmt Marek bereits mitten auf dem See.

Marek hat mir versichert, dass die „Schwarze Hańcza", wie ihr Name übersetzt heißt, ein kleiner Fluss ist, in dem man fast überall stehen kann. Was er mir nicht erzählt hat, ist die Tatsache, dass man, um zum Fluss zu gelangen, erst einmal ein gutes Stück über den Wigry-See paddeln muss, der mit teilweise über 70 Metern zu den tiefsten in Polen zählt. Doch mit jedem Paddelschlag ins ruhige Wasser verringern sich meine Sorgen, bis sie sich schließlich beim Anblick des berühmten Karmeliterklosters auf einer der Halbinseln in Nichts auflösen. Die rotweißen Türme des Klosters vor Augen, den ruhigen See unter dem Kiel und ein traumhaft schönes Wetter lassen mich jedes Gefühl für Raum und Zeit verlieren. Mein Rhythmus wird regelmäßig, und mein Boot hält gut mit. Selbst die Vorstellung von der Tiefe des Sees verliert ihren Schrecken angesichts der Kirchtürme vor mir.

Marek hingegen hat das Paddeln eingestellt und studiert intensiv eine Karte. Manch eine Kajaktour ist hier schon daran gescheitert, dass der Eingang zum Fluss vom See aus ziemlich schwer zu finden und eigentlich gar nicht ausgeschildert ist. Wer einen Fehler macht, läuft Gefahr, seine Kräfte bereits auf dem 17 Kilometer langen See zu verpulvern. Doch wir finden den Eingang und biegen in den kleinen, tatsächlich schwarzen Fluss ein, der zu einer ersten Badepause einlädt, bevor wir uns aufmachen auf den malerischen Streckenabschnitt ostwärts.

Das Panorama dieser Fahrt gleicht mehr und mehr einem Traum, der sich nur dadurch nicht von der Realität lösen kann, weil die Anstrengung der Paddelbewegung ihn davon abhält. Eigentlich würde es mir reichen, mich die Strecke einfach flussabwärts treiben zu lassen. Ab da macht Marek nicht mit. Außerdem würde das ein paar Tage dauern, wenn wir überhaupt vorwärts kämen bei der geringen Strömung. Manchmal zeigt sich der Fluss so schmal, dass ich kaum noch mein Paddel links und recht eintauchen kann, ohne das Schilf zu berühren. An anderen Stellen gibt er uns großzügig Platz, öffnet uns den Blick auf Felder und Wiesen. Auf diesen ersten Kilometern fließt der Fluss zumeist durch die offene Landschaft, mehr Büsche als Bäume säumen das Ufer. Ab und zu fahren wir an Schildern vorbei, die einen Zeltplatz ausweisen. Aber außer dem Platz und einer Feuerstelle gibt es dort meist nichts. Den Rest haben die Fahrer selbst dabei.

Irgendwann machen wir Pause an einem solchen Ort, scheinbar abgelegen und fern jeder Zivilisation. Interessanterweise steht ein uralter, völlig verrosteter und von Müll berstender Wohnwagen auf der Wiese. Hinter der Fensterscheibe hängt ein Zettel, auf dem mit Bleistift die

Lieferung von Obsttaschen, Pfannkuchen und Kartoffelpuffer angeboten wird. Wir wissen einen Moment lang nicht, ob dieser Wohnwagen inklusive Zettel noch aus dem Zweiten Weltkrieg stammt oder ob dieses Angebot ernst gemeint ist. Marek hält die angegebene Nummer für durchaus aktuell und wählt. Tatsächlich meldet sich eine Frau und nimmt ohne jede Nachfrage unsere Bestellung entgegen. Eigentlich halten wir das Ganze immer noch für einen guten Scherz, bis nach 10 Minuten tatsächlich eine ältere Dame auf einem Fahrrad mit einem Eimer ankommt. Alles wie bestellt. Da ich ja nicht mehr paddle, bin ich versucht, mir eine Halluzination aus den Augen zu reiben, doch die Pfannkuchen schmecken so gut, dass wir nicht viel nachfragen. Die Frau, die sich uns als Czesława vorstellt, erzählt schließlich von selbst, dass sie unweit von hier einen Bauernhof führt und diesen Service für die Flussgäste anbietet. Sie selbst könne weder Kajak fahren noch schwimmen. In ihrer Jugend habe sie keine Gelegenheit dazu gehabt, heute müsse sie sich um den Hof und ihre Enkel kümmern. Als wir fertig sind, fragt sie, ob wir Kaffee möchten und wenn ja, ob türkischen oder löslichen. Da wir weit und breit weder eine Kanne, noch Wasser, noch irgendeine Energiequelle sehen, bestellen wir natürlich einen, nur um zu sehen, was passiert. Czesława zieht, ohne zu zögern, einen Schlüssel aus der Tasche und sperrt den Wohnwagen auf, in dem sich die Müllberge türmen. „Der Wagen diente im Zweiten Weltkrieg als russischer Lazarettwagen, irgendwann wurde er dann hier abgestellt und vergessen“, klärt sie uns auf, während sie unter einem der Müllhaufen eine Plastiktüte hervorzieht, in der alles drin ist: eine Flasche Wasser, Kaffeepulver, Geschirr und ein Bunsenbrenner.

Mental und physisch gestärkt von Czesławas Wunderkiosk, geht unsere Reise noch einige Kilometer weiter, bis wir auf ein Schild stoßen mit der deutschen Aufschrift *Galeria Kulturscheune*. Ein Stopp ist Pflicht. Nach ca. hundert Metern Fußmarsch gelangen wir zu einem alten, scheunenähnlichen Holzhaus, aus dessen Fenster uns eine Frau begrüßt. Leider sei Herr Malczewski heute nicht da, aber wir könnten uns trotzdem die Ausstellung im Innern des Hauses anschauen. Piotr Malczewski ist ein Fotograf, der seit vielen Jahren hier Seminare für Hobbyfotografen anbietet. Die Fotos in der Scheune sind tatsächlich von beeindruckender Schönheit und zeigen vor allem Naturaufnahmen aus der hiesigen Region.

Nach einer weiteren Badepause setzen wir unseren Weg fort. Schon seit einiger Zeit habe ich aufgehört, mir die Frage zu stellen, ob ich diese Tour bis zum Schluss durchstehe oder nicht. Vor jeder Kurve rede ich mir ein, es sei die letzte, doch oft genug werde ich enttäuscht. Als ich schließlich und endlich klein beigeben will, erhebt sich in der Ferne dann doch noch die ersehnte Steinbrücke *Wysoki Most*, die als Abholstelle vereinbart war. Nach der Brücke begibt sich der Fluss in den Wald, und wer Zeit hat, kann ihn noch mehrere Tage mit dem Kajak begleiten. Gott sei Dank haben wir keine.

Sechs Stunden Fahrt und sechzehn Kilometer liegen hinter mir. Als ich an Land bin, muss ich meine Arme dazu zwingen, die Paddelbewegung endlich einzustellen. Wie ich mich fühle, fragt mich Marek und grinst. Alles in Ordnung, erwidere ich wohl wenig überzeugend und setze mich auf einen Baumstumpf. Marek will den Abholdienst über unsere Ankunft informieren, hat aber keine Netzverbindung. Doch mittlerweile bringt mich hier gar nichts mehr aus der Ruhe. Weder der Ameisenhaufen, in den ich mich gesetzt habe, noch das fehlende Telefonnetz. Ich habe mich aller irdischen Sorgen enthoben und könnte mir vorstellen, mich von nun an in eine der inzwischen als Touristenunterkünfte dienenden Klausen des Karmeliterklosters auf dem Wigry-See zurückzuziehen. Doch nach einer halben Stunde kommt dank des Telefons einer freundlichen Bäuerin unser Abholdienst und meine Pläne lösen sich in jener Luft auf, die der Transporter mit unseren Kajaks auf dem Dach auf der Landstraße aufwirbelt.

Polnisch-litauisches Grenzland oder: wo Valdas Vaicekauskas Waldemar Wojciechowski heißt

Von der zur Woiwodschaft Podlachien gehörenden Kleinstadt Sejny aus könnte ich die wenigen Kilometer zur litauischen Grenze zu Fuß zurücklegen. Doch meine Reise endet hier. Hier im äußersten Nordosten des Landes und in jener Region, wo sich das Zentrum der litauischen Minderheit in Polen befindet. Selbst die Geschichte hat nicht immer genau gewusst, welchem Land sie dieses Gebiet letztlich zukommen lassen soll. Während der *Sejner Aufstände* im Jahr 1919 wurde allein die Stadt Sejny elfmal von Polen verloren und zurückerobert, weil sich örtliche Militäreinheiten nicht mit der Abtretung des Ortes an Litauen abfinden wollten. Überhaupt zählt das polnisch-litauische Verhältnis nicht zu den spannungsfreisten, obwohl mittlerweile viele Konflikte gelöst wurden.

Am Beginn der Hauptstraße stoße ich auf das Denkmal von Antanas Baranauskas, einem bekannten litauischen Dichter, Mathematiker und späteren Bischof von Sejny, der Ende des 19. Jahrhunderts als erster Bischof zu seinen Gläubigen auf Litauisch predigte. Obwohl die Verdienste dieses Mannes unbestritten waren, musste er dennoch bis zum Jahr 1999 warten, bis ihm zu Ehren das Denkmal errichtet werden konnte. Zu stark waren die Meinungsverschiedenheiten zwischen litauischen Befürwortern und polnischen Gegnern, zu verbittert der Streit, als dass man sich zu einer schnelleren Lösung hätte durchringen können. Insgesamt hat sich das Zusammenleben zwischen Litauern und Polen in den vergangenen Jahren stark gebessert. In dem nur wenige Kilometer entfernten Dorf Puńsk, wo sich fast 80 % der Bevölkerung als Litauer bezeichnen, gibt es neben einem reichen litauischen Kulturleben sogar das einzige litauische Gymnasium in Polen.

Dass sich Polen und Litauer in den vergangenen Jahren angenähert haben, wird auch der Arbeit der im Jahr 1990 gegründeten Stiftung *Pogranicze,* die übersetzt *Grenzland* bedeutet, zugeschrieben, deren Präsidenten Krzysztof Czyżewski ich in seinem Haus in Krasnogruda antreffe. Von allen Orten, die ich auf meiner Reise durch Ostpolen besucht habe, ist Krasnogruda wohl der abgelegendste. Das einzige Haus, das ich hier, mitten in einer Wald- und Seenlandschaft unmittelbar an der polnisch-litauischen Grenze sehe, gehört Herrn Czyżewski. Ob es nicht unpraktisch sei, so weit von jeder Verkehrsanbindung entfernt zu wohnen, wenn man einer Stiftung vorstehe, die mittlerweile weltweit zahlreiche Projekte betreue, frage ich Herrn Czyżewski. Doch er lächelt diese typisch deutsche Frage charmant beiseite. „Es geht nicht immer um Schnelligkeit und Pragmatik“, sagt er. Der Ort hier bedeutet ihm viel, weil er sich viel mehr als jede Stadt eignet, um Abstand zu gewinnen von den Widrigkeiten des Alltags. Eine Stiftung wie *Pogranicze* muss die Zukunft im Blick haben und mögliche Konflikte in Grenzgebieten frühzeitig erkennen können. Nur so ließen sich stabile Brücken zwischen verschiedenen Kulturen bauen. Dafür bedürfe es eines klaren Blicks für die Unterschiede zwischen dem, was wirklich wichtig ist und was nicht. Die in der Gemeinde Sejny fehlenden zweisprachigen Ortsschilder, auf die ich ihn anspreche, zählt er zu den unwichtigeren Fragen. Es lohne sich nicht, dafür einen Streit vom Zaun zu brechen, sagt er. Daran hätten auch die hier lebenden Litauer kein Interesse. In der Puńsker Gegend, wo die Litauer die Mehrheit darstellten, gäbe es diese Schilder ja bereits. Überhaupt habe jeder Litauer hier schon das Recht, seinen Namen in polnischer und litauischer Schreibweise anzugeben, wobei das auch zu Missverständnissen führen könne. Nicht jeder erkenne zum Beispiel in Valdas Vaicekauskas einen Waldemar Wojciechowski wieder.

Beeindruckt von der Begegnung mit dieser charismatischen Persönlichkeit und seiner Versöhnung stiftenden Arbeit, kehre ich nach Sejny zurück. Von den geschätzten 25.000 Litauern in Polen lebt die große Mehrheit in der Region Podlachien. In der Stadt Sejny beträgt ihr Anteil ungefähr 8 %. Deshalb höre ich im Gegensatz zu Puńsk die litauische Sprache hier nur selten auf der Straße. „Viele Menschen haben noch Ängste", erklärt mir eine Buchhändlerin. Die Geschichte sei zwar Geschichte, doch sie hat bis heute Spuren hinterlassen. Niemand möchte sich gleich als Litauer zu erkennen geben. Zumindest nicht hier in Sejny. Litauische Bücher suche ich in der Buchhandlung vergeblich, obwohl die Verkäuferin mit Nachnamen Mischukanis heißt. „Es gibt hier einfach keine Nachfrage", sagt sie.

Es ist Abend geworden und ich spaziere die zentrale Straße durch Sejny entlang, vorbei am Sitz der Stiftung *Pogranicze* in Richtung meines Hotels. Doch bevor ich ankomme, kehre ich noch einmal um. Der Ort hier eignet sich, um ein letztes Mal innezuhalten und meinen Weg vom Süden in den Norden entlang der heutigen polnischen Ostgrenze im Geiste vorüberziehen zu lassen. Lemken, Bojken, Ukrainer, Weißrussen, Tataren und Litauer haben meinen Weg gekreuzt. Sie alle verbindet die Aufgabe, ihren Alltag in friedlicher Weise mit den Polen zu teilen und zu bewältigen. Umgekehrt ist es Aufgabe der Polen, die Vielfalt dieses östlichen Landesteiles zu pflegen und sie für die Zukunft aufrechtzuerhalten. Ob das gelingt, weiß ich nicht. Ich werde zurückkommen müssen eines Tages. Nachsehen, was aus ihnen geworden ist. Den Orten. Und den Menschen in Ostpolen.

Anmerkung zu den Übersetzungen

Die Übersetzung des Gedichtausschnitts „Gerettet“ von Tadeusz Różewicz (S. 123) stammt von Karl Dedecius, die Übersetzung des Zitates aus Hanna Kralls Buch „Eine ausnehmend lange Linie“ (S. 125) von Roswitha Matwin-Buschmann. Alle anderen hier zitierten polnischen Textfragmente wurden von Matthias Kneip ins Deutsche übertragen.

Zur Aussprache im Polnischen

Betonung: vorletzte Silbe

ą	**nasaliertes o** wie in frz. *bon* oder *Fasson, Bonmot*
ć	bzw. **ci** etwa wie eine enge Lautverbindung von poln. **t** + ś
c	wie das dtsch. **z** in *zu*
cz	wie dtsch. **tsch** in *Tschechien*
ę	**nasaliertes e** wie in frz. *bien* oder *Teint, Bassin*
e	wie dtsch. **offenes e** in *besser*
ł	wie engl. **w** in *well, woman*
ń	bzw. **ni** wie frz. **gn** in *Cognac*
o	wie dtsch. **offenes o** in *Oskar*
ó	wie dtsch. **u** in *muss*
rz	lautlich identisch mit **ż**
ś	bzw. **si** wie etwa das dtsch. **ch** in der Ableitungssilbe *-chen* – z.B. *Lenchen, Frauchen*
s	wie das dtsch. **scharfe s (ß** bzw. **ss)** in *Wasser, Fuß*
sz	wie dtsch. **sch** wie *Schule*
y	etwa wie dtsch. **dumpfes, unbetontes e** im Wortauslaut: *Sache, Vase*
ź	bzw. **zi** weicher und spitzer als poln. **ż**
z	wie das dtsch. **stimmhafte s** in *Rose*
ż	wie dtsch. **j** in *Journalist* oder **g** in *Garage*

Karte

Litauen
Sejny
Wigry
Augustów
Tykocin
Białystok
Narew
Białowieża
Bug
Weißrussland
Warschau
Janów Podlaski
Weichsel
Kazimierz Dolny
Lublin
Zamość
Sandomierz
Bełżec
San
Ukraine
Krakau
Rzeszów
Przemyśl
Gorlice
Nowy Sącz
Sanok
Krynica-Zdrój
Bieszczady
Slowakei

Zum Autor

Matthias Kneip wurde 1969 in Regensburg geboren und studierte Germanistik, Ostslawistik und Politologie an der Universität Regensburg. 1995/96 arbeitete er als Lektor für deutsche Sprache und Literatur an der Universität Oppeln, 1999 promovierte er an der Universität Regensburg über das Thema „Die politische Rolle der deutschen Sprache in Oberschlesien 1921-1998". Seit März 2000 ist Kneip als wissenschaftlicher Mitarbeiter am renommierten Deutschen Polen-Institut in Darmstadt tätig. Außerdem arbeitet er als Schriftsteller und Publizist sowie als Polenreferent. Kneip ist Mitglied im Deutschen P.E.N.-Zentrum und im Verband deutscher Schriftsteller. Er lebt in Regensburg und Darmstadt.

Kneips Erfahrungen mit Polen, aber auch seine kritisch-distanzierte Sicht auf die Verhältnisse in Deutschland spiegeln sich sowohl in seiner Lyrik als auch in seinen publizistischen Veröffentlichungen wider. Seine Gedichte, die sich durch einen spielerischen Umgang mit Sprache sowie hintergründigen Humor auszeichnen, wurden u. a. ins Polnische, Russische und Japanische übersetzt. Für sein literarisches und publizistisches Schaffen erhielt er zahlreiche Preise, unter anderem den Gedok-Literaturpreis 1997 und den Kulturförderpreis der Stadt Regensburg 2001. 2008 wurde er vom Polnischen Ministerium für Nationale Erziehung mit der „Medaille der Kommission der nationalen Erziehung" ausgezeichnet, 2011 erhielt er den „Kulturpreis Schlesien" des Landes Niedersachsen.

Bei Lektora erschienen

Matthias Kneip

Polen
Literarische Reisebilder

Der Band *Polen. Literarische Reisebilder* vereint erstmals Matthias Kneips Werke *Grundsteine im Gepäck*, *Polenreise* und *Reise in Ostpolen* in einer stilvollen Gesamtausgabe.

Der Autor zeichnet in seinen gleichermaßen feinsinnigen wie informativen literarischen Texten und singulären Lyrikeinheiten ein einfühlsames und zugleich lebendiges Portrait Polens. Ergänzt wird das Werk durch Bilder von geschichtsträchtigen Orten, von nur scheinbar unwichtigen kleinen Plätzen und von solchen, die einen Einblick in die Mentalität der Menschen geben.

Kneip offeriert dem Leser atmosphärische Eigenheiten des Landes, bekannte und unbekannte Persönlichkeiten oder Ereignisse aus der Geschichte – auch der deutsch-polnischen Beziehungen – und spürt spannende Menschen und Gegenden auf. Dies meist verbunden mit der Reise in entlegene Orte, deren Bedeutung nicht selten größer ist als ihre Popularität.

Ein äußerst facettenreiches Mosaik eines faszinierenden Landes.

524 Seiten

ISBN: 978-3-938470-81-7

29,90 Euro

www.lektora.de

Bei Lektora erschienen

Matthias Kneip

Grundsteine im Gepäck

Mit "Grundsteine im Gepäck" gelingt Matthias Kneip ein ungewöhnliches und wohl einmaliges Porträt Polens, ein Mosaik aus Gedichten und Prosastücken, in dem der junge deutsche Autor Szenen des polnischen Alltags ebenso feinfühlig und liebevoll beschreibt wie die Atmosphäre polnischer Städte. Krakau, Breslau oder Danzig erhalten in den Reiseskizzen von Kneip ein Gesicht, drücken eine Stimmung aus, wie sie wohl nur jemand in der Lage zu zeichnen ist, der mit deutschen und polnischen "Grundsteinen im Gepäck" unterwegs ist.

192 Seiten

ISBN: 978-3-938470-76-3

16,00 Euro

www.lektora.de